Manuela Witzel

10-Minuten-Grundlagentraining

Mathematik

Klasse 5

Grundlagen wiederholen, Lücken schließen –
für einen gelungenen Start in die 5. Klasse

Bildquellen:
S. 64, 92: 10-Cent-Münze © Deutsche Bundesbank
S. 64, 92: 5-Cent-Münze © Deutsche Bundesbank
S. 64, 92: 2-Cent-Münze © Deutsche Bundesbank
S. 64, 92: 1-Cent-Münze © Deutsche Bundesbank

Die downloadbaren Materialien sind optimiert für Microsoft® Office 2007 SP3 basierend auf Windows 7 oder höher. Sollte die Schrift Auer Schulbuch verwendet sein, ist diese mitgeliefert und muss vor der Bearbeitung installiert werden.

Gedruckt auf umweltbewusst gefertigtem, chlorfrei gebleichtem und alterungsbeständigem Papier.

1. Auflage 2018
© 2018 Auer Verlag, Augsburg
AAP Lehrerfachverlage GmbH
Alle Rechte vorbehalten.

Covergestaltung: annette forsch Konzeption und design, Berlin
Umschlagfoto: shutterstock; springender Junge; Stockfotonummer: 125990426; Bildnachweis: Jacek Chabraszewski
Illustrationen: Stefanie Aufmuth, Corina Beurenmeister; Marion El-Khalafawi, Julia Flasche, Carmen Hochmann, Steffen Jähde, Kristina Klotz, Hendrik Kranenberg, Anna Muschielok, Katharina Reichert-Scarborough, Sandra Schüler, Thorsten Trantow, Susanne Wetzstein
Satz: Typographie & Computer, Krefeld
Druck und Bindung: Korrekt Nyomdaipari Kft
ISBN 978-3-403-08186-9

www.auer-verlag.de

Inhaltsverzeichnis

Vorwort 5

1 Eingangs- und Abschlusstest (editierbar!, s. downloadfähiges Material)

Test 10
Auswertungsbogen für die Lehrkraft 12
Rückmeldung für die Eltern. 14
Vergleichsbogen Eingangs- und Abschlusstest 15

2 Zahlen und Grundrechenarten

2.1 Orientierung im Millionenraum
Stellenwerttafel 1 – 2 16
Zahlen ordnen 1 – 2 17
Vorgänger und Nachfolger 1 – 2 18
Zahlenstrahl 1 – 2 19

2.2 Addition und Subtraktion
Addieren und Subtrahieren im Kopf 1 – 4 20
Halbschriftliche Addition 1 – 2 22
Halbschriftliche Subtraktion 1 – 2 23
Addition und Subtraktion 1 – 2 24
Überschlag 1 – 2 25
Schriftliche Addition 1 – 2 26
Schriftliche Subtraktion 1 – 2 27
Schriftliche Addition und Subtraktion 1 – 4 28
Sachaufgaben zur Addition und Subtraktion 1 – 4 30

2.3 Multiplikation und Division
Multiplizieren und Dividieren im Kopf 1 – 2 32
Halbschriftliche Multiplikation 33
Halbschriftliche Division 33
Schriftliche Multiplikation 1 – 2 34
Schriftliche Division mit einstelliger Zahl 1 – 2 35
Schriftliche Division mit zweistelliger Zahl 36
Schriftliche Division mit mehrstelliger Zahl 36
Schriftliche Division mit Rest 37
Multiplikation und Division. 37
Sachaufgaben zur Multiplikation 1 – 2 38
Sachaufgaben zur Division 1 – 2 39
Sachaufgaben zur Multiplikation und Division 1 – 2 40

2.4 Grundrechenarten gemischt
Verschiedene Übungen zu den Grundrechenarten 1 – 6 41

2.5 Zwischentest (editierbar!, s. downloadfähiges Material) 44

3 Geometrie

3.1 Geometrische Körper und ihre Eigenschaften
Körper – Ecken, Kanten, Flächen 1 – 2 45

3.2 Netze und Schrägbilder von Würfel und Quader
Würfelnetze 1 – 2 46
Quadernetze 1 – 2. 47
Schrägbilder des Würfels 48
Schrägbilder des Quaders 48

3.3 Geometrische Grundbegriffe
Strecken und Geraden 1 – 2 49
Senkrechten 50
Parallelen. 50

3.4 Ebene Figuren
Rechteck und Quadrat 1–2 51
Kreis 1–2 52

3.5 Symmetrie
Symmetrie im Alltag 1–2 53
Spiegeln an der Spiegelachse 1–2 54

3.6 Zwischentest (**editierbar!**, s. downloadfähiges Material) 55

4 Größen und Messen

4.1 Längen
Längen schätzen und messen 1–2 56
Längen zeichnen 57
Zweckmäßige Längenangaben 57
Längen umwandeln 58
Längen runden 58
Längen umwandeln und runden 59
Grundrechenarten mit Längen 59
Sachaufgaben zu Längen 1–2 60

4.2 Maßstab
Maßstab 1–2 61

4.3 Geld
Geldwerte umrechnen und runden 62
Grundrechenarten mit Geld 1–2 62
Sachaufgaben zum Geld 1–3 63

4.4 Zeit
Zeiten im Alltag 65
Zeiten umrechnen 1–2 65
Zeitpunkt und Zeitdauer bestimmen 66
Zeitdauer bestimmen 1–2 67

4.5 Gewicht
Gewichte schätzen 68
Gewichte umwandeln 1–2 68
Gewichte runden 69
Grundrechenarten mit Gewichten 1–2 70
Sachaufgaben zu Gewichten 1–2 71

4.6 Flächeninhalt und Umfang
Zerlegen und Vergleichen von Flächen 1–2 72
Flächeninhalt und Umfang des Rechtecks 73
Flächeninhalt und Umfang des Quadrats 73
Umfang und Flächeninhalt von Rechteck und Quadrat 74
Sachaufgaben zum Flächeninhalt 74
Sachaufgaben zum Umfang 75
Sachaufgaben zu Flächeninhalt und Umfang 75

4.7 Volumen / Rauminhalt
Volumen / Rauminhalt bestimmen 76
Volumen / Rauminhalt berechnen 76
Volumen / Rauminhalt von Quader und Würfel 77
Volumeneinheiten Liter und Milliliter 77

4.8 Zwischentest (**editierbar!**, s. downloadfähiges Material) 78

Lösungen 79

Vorwort

Für alle Schülerinnen und Schüler[1] beginnt mit dem Wechsel von der Grundschule in die weiterführende Schule ein neuer Lebensabschnitt. Sie kommen von unterschiedlichen Schulen und haben entsprechend ihrer Vorkenntnisse ein abweichendes Niveau. Die Lehrer der Sekundarstufen stehen folglich vor dem Problem, dass Schüler divergierende Vorkenntnisse mitbringen, und vor der Aufgabe, innerhalb kürzester Zeit alle Lernenden auf den gleichen Wissensstand zu bringen.

Der Band wiederholt daher alle zentralen Lerninhalte der Grundschule und bietet abwechslungsreiche Übungen mit Lösungen. Dabei wird besonderer Wert auf die individuelle Überprüfung des Lernerfolges gelegt. Die Themen orientieren sich an den aktuellen Bildungsstandards des Faches Mathematik.

Aufbau und Einsatz des Bandes

Ein <u>Eingangstest</u> hilft, den aktuellen individuellen Lernstand der Schüler zu Beginn der Lerneinheit zu bestimmen. Dabei ist es besonders wichtig, dass sich der Lehrer einen Gesamtüberblick über die Leistungen der kompletten Klasse verschafft, aber auch einen Überblick über die Leistungen jedes Schülers. Ein <u>Auswertungsbogen</u> hilft ihm dabei, sich diesen Überblick zu verschaffen und dies problemlos schriftlich zu fixieren. Dies hat den Vorteil, dass die Lehrer einzelne Schwerpunkte auf Grundlage des Eingangstestes für den Unterricht setzen können. Die beiden Seiten des Bogens sollten zur besseren Lesbarkeit auf DIN-A3 vergrößert werden.

Ein individueller <u>Rückmeldebogen</u> gibt den Eltern Aufschluss über das Wissen ihres Kindes in den einzelnen Bereichen. Die Seite mit dem zweiteiligen Bogen sollte zur besseren Lesbarkeit geteilt und auf DIN-A4 vergrößert werden.

Am Ende der kompletten Einheit wird bewusst der gleiche Eingangstest als <u>Abschlusstest</u> geschrieben, sodass der Lehrer genau sehen kann, inwiefern die Schüler den Grundschulstoff nun beherrschen und ihre Lücken geschlossen bzw. ihr Wissen ausgebaut haben. Ein Bogen zum Vergleich des Eingangs- und Abschlusstests gibt eine gute Übersicht über den Lernerfolg der kompletten Klasse. Auch hier kann wieder der individuelle <u>Rückmeldebogen</u> für die Eltern eingesetzt werden, sodass diese zusätzlich sehen, wo vielleicht Probleme liegen bzw. in welchen Bereichen ihre Kinder schon ein sehr gutes Wissen besitzen. Als <u>Auswertungsbogen</u> zur Darstellung des Wissenstandes der kompletten Klasse kann wieder derselbe vom Eingangstest genutzt werden. Alle Tests, Rückmelde- und Auswertungsbögen sind editierbar und können vom Lehrer individuell auf die Klasse angepasst werden.

Die <u>Übungskarten</u> im DIN-A5-Format geben den Schülern die Möglichkeit, Themen zu wiederholen und ihr Wissen zu vertiefen bzw. auszubauen. Die eventuell vorhandenen Lücken bzw. Unsicherheiten können mit diesen Aufgaben geübt bzw. behoben werden.

<u>Zwischentests</u> am Ende eines jeden Hauptkapitels dienen zur Lernerfolgsüberprüfung bezüglich der einzelnen Bereiche.

Allgemeine Anwendung

<u>Tests</u>

Der Eingangs- und Abschlusstest, seine Zusatzmaterialien und die drei Zwischentests sind als Word-Dateien downloadbar (vgl. Hinweise auf Umschlagseite, Impressum und Inhaltsverzeichnis).

Für den Eingangs- und Abschlusstest sollte der Lehrer eine Bearbeitungszeit von ca. 45 bis 60 Minuten einplanen.

Der Eingangstest sollte gleich zu Beginn der 5. Klasse geschrieben werden, sodass der Lehrer auf Grundlage der Testergebnisse die Unterrichtsplanung vornehmen kann. Dieser sollte den

---

[1] Aufgrund der besseren Lesbarkeit ist in diesem Buch mit Schüler auch immer Schülerin gemeint, ebenso verhält es sich mit Lehrer und Lehrerin etc.

Schülern außerdem nach der Korrektur lediglich zur Einsicht zurückgegeben werden, da der Abschlusstest sich vom Eingangstest nicht unterscheidet. Auf diese Weise kann eine Vergleichbarkeit der Lernergebnisse stattfinden.

Die Zwischentests eines jeden Hauptkapitels sind so konzipiert, dass diese eine Bearbeitungsdauer von 20 bis 25 Minuten nicht überschreiten sollten.

Übungskarten

Die Übungskarten können methodisch unterschiedlich eingesetzt werden. So können Schüler beispielsweise die Übungskarten in Form einer Lerntheke präsentiert bekommen, sodass jeder individuell an seinem Leistungsstand arbeitet. Auf Grundlage der individuellen Rückmeldung, basierend auf dem Eingangstest, weiß jeder Schüler, welchen/e Themenbereich/e er besonders üben muss.

Die Übungskarten können allerdings auch begleitend zum Unterricht eingesetzt werden, d.h. so lange wie die Grundschulthemen im Unterricht wiederholt und vertieft werden.

Unterrichtliche Umsetzungsmöglichkeiten

Es ist allgemein bekannt, dass viele Schüler in bestimmten Bereichen oftmals die gleichen Probleme haben, wie z.B. die Zehnerüberschreitung bei der schriftlichen Subtraktion.

In diesem Abschnitt möchte ich Ideen zur möglichen Umsetzung im Unterricht bezüglich der einzelnen Bereiche darlegen.

Wichtig ist hierbei, dass die Schüler sich möglichst selbstständig mit dem Unterrichtsgegenstand auseinandersetzen und die Thematiken immer wieder auf Alltagserfahrungen bezogen werden.

Kompetenzbereich Zahlen und Grundrechenarten

Förderung und Vertiefung des Zahl- und Operationsverständnisses ist ein explizites Ziel während des gesamten Arithmetikunterrichts. Die Schüler sollten am Ende der Grundschulzeit über den Zahlenraum von bis zu einer Million verfügen bzw. auch darüber hinaus. Schwierigkeiten entstehen bei den Schülern vor allem auf der Ebene des Lesens, Schreibens und Rechnens solch großer Zahlen sowie auf der eingeschränkten Fähigkeit, sich große Zahlen vorstellen zu können. Um das Lesen zu vereinfachen, kann man als Lehrer nach drei Bündelungseinheiten entweder ein Leerzeichen setzen oder einen Punkt (3 022 211 oder 3.022.211). Die Schüler können bei selbst geschriebenen Zahlen auch eine Strukturierung durch senkrechte Striche vornehmen (3 | 022 | 211) und indem sie die Namenskürzel der Zahlwörter hinzuschreiben. Aber auch die Stellenwerttafel kann als Hilfsmittel eingesetzt werden.

Im alltäglichen Leben treten große Zahlen vornehmlich in Verbindung mit Größen oder als reine Anzahlangaben auf. Diese lassen sich oft nur indirekt veranschaulichen. Deshalb sollte man im Unterricht mit den Schülern Hilfsvorstellungen anbahnen. Zur Veranschaulichung einer großen Zahl wird diese in Teilmengen zerlegt (5 000 € sind hundert 50 € Scheine) oder durch Einbettung in einen anderen Sachverhalt (25 000 Haferkörner wiegen ungefähr 1 kg) veranschaulicht.

Das Arbeiten mit dem Zahlenstrahl erfordert von den Schülern das Denken in Maßstäben. Sie müssen die unterschiedlich untergliederten Ausschnitte des Zahlenstrahls interpretieren können, um die Zahl benennen zu können. Wichtig ist, dass auf jeder Ebene thematisiert wird, wie groß der Abstand zwischen den einzelnen Strichen ist.

Beim Kopfrechnen sollen die Schüler vor allem Rechenstrategien anwenden, wie schrittweise Rechnen, Ergänzen, Hilfsaufgabe bilden oder die Aufteilung im Stellenwertsystem vornehmen. Dabei müssen ihnen die Rechenwege und Rechenvorteile immer wieder bewusstgemacht werden, indem sie diese konkret versprachlichen.

Bei der schriftlichen Addition und Subtraktion treten insbesondere Probleme beim Rechnen mit Übertrag und durch falsches Untereinanderschreiben (im Stellenwertsystem) auf. Um das Verständnis für das richtige Verfahren zu schulen, können vom Lehrer bewusst Fehleraufgaben (als solche) vorgestellt werden und in Strategiekonferenzen von der Klasse geklärt werden.

In der nachfolgenden Tabelle werden typische Probleme der Multiplikation und Division dargestellt und Ideen zur Prävention bzw. Behebung abgeleitet.

Probleme	Umsetzung im Unterricht
Schriftliche Multiplikation	

Fehlerhafte Behandlung der Überträge
Notation der Überträge beim Multiplikanden verleitet dazu, sie zunächst zur entsprechenden Ziffer des Multiplikanden zu addieren und dann das Produkt zu bilden.
	• Schriftliche Notation der Überträge neben die Rechnung schreiben.
	• Regeln vereinbaren:
	  1. Die Übertragszahlen werden auf gleicher Höhe wie die Teilprodukte notiert.
	  2. Der Abstand zur Rechnung soll mehr als 1 cm betragen.
	  3. Unmittelbar nach Addition des Übertrags wird die notierte Übertragszahl gestrichen.

Nichtberücksichtigung der stellenwertbelegenden Rolle der Null	• Fordern von konsequenter Überschlagsrechnung. • Multiplikation mit Null vollständig ausführen lassen, sodass eine Nullzeile entsteht.
Schriftliche Division	
Unzureichende Vorkenntnisse Kleines Einmaleins und kleines Einsdurcheins werden nicht sicher beherrscht.	• Schüler dürfen Einmaleins-Tabelle nutzen. • Förderunterricht wird empfohlen.
Prozedurale Besonderheiten Schwierigkeiten, wenn der Teil-Dividend kleiner ist als der Divisor oder die Wert-Ziffer des Quotienten zu klein gewählt wurde.	• Teil-Dividend ist kleiner als Divisor: Aufgaben ziffernweise rechnen, sodass im Quotienten eine Null an erster Stelle steht. • Wert-Ziffer des Quotienten ist zu klein: Überschlagsrechnung als Hilfe nutzen.
Schwierigkeiten mit Nullen	• Sprechweise: „Null durch acht geht nicht" vermeiden; besser: „8 ist in 0 nullmal enthalten" oder „8 passt in 0 nullmal." • Letzter Rechenschritt mit Null wird nicht mehr ausgeführt (21350:5); konsequent Überschlagsrechnung fordern.

Kompetenzbereich Geometrie

Geometrische Betrachtungen sollten einen festen Platz im Grundschulunterricht haben. Vor allem Schüler, die im arithmetischen Bereich häufig Schwierigkeiten haben, zeigen sich bei geometrischen Fragestellungen deutlich leistungsfähiger. Gleichzeitig sollte der Lehrer dies nutzen, um bei den Schülern eine insgesamt positive Einstellung zum Fach Mathematik zu entwickeln und zu festigen.

Am Ende der vierten Klasse sollen die Schüler über folgende Kompetenzen verfügen: Ebene und räumliche Figuren erkennen, benennen und darstellen; geometrische Zeichnungen anfertigen und Figuren auf Symmetrie untersuchen.

Um diese einzelnen Kompetenzbereiche zu schulen bedarf es eines induktiven Vorgehens. So können Körper mit Knete geformt oder aus Papier geschnitten und zusammengeklebt werden. An diesen Modellen können gleichzeitig Ecken, Kanten und einzelne Flächen benannt werden. Im Vordergrund soll das Bauen, Herstellen und Schneiden stehen. Besonders wichtig ist es, dass die Schüler erkennen, was der Unterschied zwischen einer Fläche und einem Körper ist. Gute Erfahrungen habe ich gemacht, wenn ich den Unterschied von Fläche und Körper immer wieder an Alltagsgegenständen im Unterricht thematisiert habe.

Bei der Auseinandersetzung von Netzen stoßen viele Schüler bezüglich der kopfgeometrischen Vorstellungskraft an ihre Grenzen. Hier bietet es sich an, die Netze mit den Schülern auszuschneiden und zusammenzukleben, oder mit entsprechenden Stecksystemen zu arbeiten. Zudem kann hier gezielt mit Kopfgeometrie-Aufgaben gearbeitet werden, bei denen beispielsweise ein Käfer über / durch einen Körper krabbelt.

Symmetrische Formen werden häufig als besonders schön empfunden. Schon im Kindergartenalter erstellen die Kinder mit voller Begeisterung Klecksbilder. Diese sollten auf jeden Fall bei der Einführung der Symmetrie aufgegriffen werden. Wichtig ist hier jedoch eine genauere geometrische Analyse. Auch Scherenschnitte eignen sich sehr gut für solche Analysen und greifen die Alltagserfahrungen der Schüler auf.

Der Einsatz des Spiegels kann im Bereich des Zeichnens, des Findens der Symmetrieachse und bei achsensymmetrischen Ergänzungen als Hilfs- und Kontrollmittel fungieren, aber auch die Schüler zu spielerischen Untersuchungen herausfordern.

Kompetenzbereich Größen und Messen

Größen spielen in unserem Alltag eine große Rolle. Die ersten Erfahrungen machen die Schüler diesbezüglich schon vor Schulbeginn. Trotzdem sind die Größen nicht weniger abstrakt als Zahlen. Zur Klärung des Größenbegriffs gehört zunächst die Unterscheidung von vier verschiedenen Ebenen:

- die Ebene der Repräsentanten von Größen (ein Bindfaden, eine Packung Butter, eine Tafel Schokolade, usw.),
- die Ebene der Größen als Äquivalenzklassen aller solcher Repräsentanten, die bezogen auf eine Äquivalenzrelation (z. B. „ist deckungsgleich zu") zu einer Klasse zusammengefasst werden (z. B. 5 cm, 8 kg, 6 Stunden),
- die Zusammenfassung aller Größen „der gleichen Familie" (mit gleicher Äquivalenzrelation) zu einem Größenbereich (z. B. Geld, Länge, Zeit, Gewicht),
- die Ebenen der Benennung von Größen durch Maßzahl und Maßeinheit (z. B. 5 m, 500 cm).

Alle vier wichtigen Größenbereiche (Geld, Längen, Zeit und Gewicht) werden mit ihren Einheiten und Umrechnungen bereits in der Grundschule behandelt.

Erfahrungsgemäß haben viele Schüler jedoch Schwierigkeiten bei den Umrechnungen einer Größenangabe in verschiedene Einheiten, da dies beispielsweise bei Längen in 10er-Schritten und bei Gewichten in 1 000er-Schritten erfolgt. Darüber hinaus müssen die Zeiten mit vollständig anderen Schrittgrößen umgerechnet werden (60, 24 und 12 sowie 365) und sind bei Sachaufgaben nur schwer mit dem 10er-System kombinierbar.

Zusätzlich begegnen die Schüler in diesem Bereich zum ersten Mal den komplexen Sachaufgaben. Das „Übersetzen" des Textes in die korrekten mathematischen Zeichen wird dort angebahnt und muss oft am Ende der Grundschule (und darüber hinaus) noch unterstützt werden. Hier können verschiedene Farben/Unterstreichungen, das Anlegen eines „Fachwortschatzes" oder auch Skizzen helfen. Zusätzlich hilft eine gleichbleibende Struktur/Herangehensweise: Frage, Rechnung, Antwort.

Ähnliches gilt für das Entwickeln und Schärfen der Größenvorstellungen. Daher sind die konkreten Unterrichtsaktivitäten (Vergleichen, Messen und Schätzen von Größen) weiterhin sehr wichtig. Dies gelingt besonders gut, wenn alle drei Darstellungsebenen (enaktiv, ikonisch, symbolisch) berücksichtigt werden. Solange es möglich ist, ist der direkte und unmittelbare

Vergleich von Größen sehr wertvoll. Werden die Zahlen bzw. Größeneinheiten zu groß, ist dies nicht mehr möglich. Deshalb hier konkrete Vorschläge[2]:

Größenbereich	Größenvergleich	Größenmessung
Geldwerte	• Vergleichen von Münzhaufen oder Geldscheinen	• Geld wechseln
Längen	• Gegenstände bezüglich ihrer Länge vergleichen	• Länge von Gegenständen o. Ä. mit Lineal, Zollstock, Maßband messen
Zeitspannen	• Vergleiche bei kleinen Wettbewerben (z. B. Luft anhalten)	• Messen von Vorgängen durch möglichst gleichmäßiges Zählen • Zeiten abschätzen • Messen mit einer Stoppuhr oder einer Sanduhr
Gewicht	• Gewichtsvergleiche von beispielsweise Schulranzen oder Federmäppchen • Vergleiche mithilfe einer Balkenwaage • Schätzen von schweren/leichten Gegenständen	• Wiegen eines Gegenstandes mithilfe der Balkenwaage mit Maßeinheiten wie Heftklammern, Heften, usw. • Wiegen mit Gewichtsstücken auf einer Tellerwaage • Wiegen auf einer Digitalwaage

Oftmals werden Flächen- und Rauminhalte in Verbindung mit Größen wiederholt. Ziel des Grundschulunterrichtes ist es, dass die Schüler Flächen- und Rauminhalte vergleichen und anhand von ausgewählten Maßeinheiten (z. B. Einheitswürfel, Einheitsquadraten) messen können. Es soll ein allgemeines Grundverständnis angebahnt werden. Die Zerlegungsgleichheit von Flächen kann besonders gut auf Kästchenpapier dargestellt werden. Eine weitere Möglichkeit bietet das Geobrett. Hier können die Figuren mit Gummiringen gespannt und die Flächengröße schnell bestimmt bzw. verglichen werden. Zur Anbahnung der Volumenrechnung eignen sich Einheitswürfel, mit denen Schachteln ausgelegt oder Würfelbauten erstellt werden. Manche Schüler sind schon nach der Grundschule fähig, einfache Flächenberechnungen durchzuführen. Auch dies wird in den hier vorliegenden Übungsaufgaben weiterhin gefordert.

---

[2] Vgl. Schipper, W. (2009): Handbuch für den Mathematikunterricht an Grundschulen. Braunschweig, Schroedel Verlag, S. 235.

Name: _____   Datum: _____   Klasse: _____

Zahlen und Grundrechenarten

1. a) Ordne die Zahlen nach ihrer Größe. Beginne mit der kleinsten Zahl. [2]

345   1405   3077   789   564   1245   956   1078

b) Setze ein: < „ist kleiner als" oder > „ist größer als". [2]

76 ____ 87   645 ____ 654   423 ____ 323   1214 ____ 1412

2. a) Gib die beiden Nachbarzahlen an.   72 ____ [3]
b) Gib die beiden Nachbarzehner an.   55 ____
c) Gib die beiden Nachbarhunderter an.   645 ____

3. a) Trage die Zahlen in die Stellenwerttafel ein: [4]
715; 1035; 410914; 42015

HT	ZT	T	H	Z	E

b) Trage in die Stellenwerttafel ein:
4 T 2 H 5 Z 6 E
6 ZT 4 H 9 T 11 E 2 Z

Notiere diese Zahlen in der Stellenschreibweise hier:
Die erste Zahl heißt: _____
Die zweite Zahl heißt: _____

4. a) Ergänze die Lücken im Zahlenstrahl. [5]
b) Trage folgende Zahlen ein: 160, 244, 108, 456, 352

100 140 180 220 260 300 340 380 420 460

5. Addiere. Benutze für die Rechnungen ein Zusatzblatt. [2]
a) 323 + 412   b) 2804 + 2549

6. Subtrahiere. [2]
a) 2564 – 231   b) 5418 – 569

7. Multipliziere. [2]
a) 304 · 3   b) 452 · 44

8. Dividiere. [2]
a) 93063 : 3   b) 51885 : 15

9. Herr Schmidt ist für die Einnahmen der Parkautomaten zuständig. In den letzten Monaten erzielten diese: [7]

	Rosenweg	Bahnhofsstraße	Nordanlage	Südanlage
1. Woche	2138 €	3569 €	3333 €	7891 €
2. Woche	3029 €	4810 €	3166 €	4513 €
3. Woche	2009 €	1120 €	1479 €	1514 €
4. Woche	2879 €	2091 €	4399 €	1035 €

a) Berechne die Gesamteinnahmen für jede Woche.
1. Woche: _____   2. Woche: _____
3. Woche: _____   4. Woche: _____

b) Bestimme jeweils den Parkautomaten, der über vier Wochen die wenigsten bzw. die höchsten Einnahmen erzielte, und gib die Höhe der Einnahmen an.
Die wenigsten Einnahmen: _____
Die höchsten Einnahmen: _____

c) Berechne die Höhe der gesamten Einnahmen der Parkautomaten für diese vier Wochen.

10. Löse die folgenden Sachaufgaben auf einem Extrablatt. [2]
a) Gib die Anzahl der Beine von 16 Schweinen an.
b) Gib die Anzahl der Löwen bei 116 Beinen an.

Manuela Witzel: 10-Minuten-Grundlagentraining Mathematik Klasse 5
© Auer Verlag

Manuela Witzel: 10-Minuten-Grundlagentraining Mathematik Klasse 5
© Auer Verlag

Geometrie

11. Zeichne alle Symmetrieachsen der Figur ein.

[2]

12. Benenne diese Flächen.

a)

b)

c)

d)

a) _____

b) _____

c) _____

d) _____

[2]

13. Benenne die folgenden Körper und bestimme die Anzahl der Flächen, Ecken und Kanten.

[6]

Körper						
Name						
Flächen						
Ecken						
Kanten						

Größen und Messen

14. Rechne in die angegebene Einheit um.

a) 6 m = _____ cm b) 25 cm = _____ mm

c) 6,100 km = _____ m d) 5 € = _____ ct

e) 6,13 € = _____ ct f) 2,5 kg = _____ g

g) 8 542 g = _____ kg h) 4 000 kg = _____ t

[4]

15. Zeichne die Strecken mit der angegebenen Länge:

a) 5 cm

b) 38 mm

c) 9,5 cm

[3]

16. Lies den folgenden Text und ergänze die fehlenden Einheiten.

Florian erzählt am ersten Schultag:

„Meine Ferien waren sehr abwechslungsreich. Insgesamt sind wir 1 119 _____ mit dem Auto durch Deutschland und Italien gefahren. Dabei haben wir 91 _____ Benzin verbraucht. Das war bei den Benzinpreisen von 1,47 _____ für 1 Liter Benzin ganz schön viel Geld. Mein Vater erzählte mir, dass 1 _____ Benzin etwa 750 _____ wiegt. Diesel ist schwerer. 1 _____ Diesel wiegt etwa 850 _____. Ich habe viele LKWs auf der Autobahn gesehen. Diese hatten sehr schwere Ladungen zu transportieren. Ein LKW hatte mehrere _____ Steine geladen. In Italien haben wir uns den schiefen Turm von Pisa angeschaut, welcher eine Höhe von 54 _____ hat. Dort fand ich einen Glücks _____. _____. Hoffentlich hilft mir der in Mathe."

[5]

[55]

Zahlen & Grundrechenarten

Name, Vorname	1. Zahlen ordnen und vergleichen			2. Nachbarzahlen			3. Stellenwerttafel			4. Zahlenstrahl			5. Addition			6. Subtraktion			7. Multiplikation			8. Division			9.–10. Sachaufgaben		
	+	o	–	+	o	–	+	o	–	+	o	–	+	o	–	+	o	–	+	o	–	+	o	–	+	o	–
1																											
2																											
3																											
4																											
5																											
6																											
7																											
8																											
9																											
10																											
11																											
12																											
13																											
14																											
Gesamt																											

Manuela Witzel: 10-Minuten-Grundlagentraining Mathematik Klasse 5
© Auer Verlag

Manuela Witzel: 10-Minuten-Grundlagentraining Mathematik Klasse 3
© Auer Verlag

Name, Vorname	Geometrie									Größen & Messen									Punkte
	11. Symmetrie			12. Flächen			13. Körper			14. Größen umrechnen			15. Strecken			16.Größeneinheiten			
	+	o	–	+	o	–	+	o	–	+	o	–	+	o	–	+	o	–	
																			55
1																			
2																			
3																			
4																			
5																			
6																			
7																			
8																			
9																			
10																			
11																			
12																			
13																			
14																			
Gesamt																			

Rückmeldung für die Eltern

Name:			/ 55 Punkte		
Nr.	**Kompetenzbereich**	**Kompetenzen**	**+**	**o**	**–**
1	Zahlen und Grundrechenarten	Zahlen ordnen und vergleichen			
2		Nachbarzahlen			
3		Stellenwerttafel			
4		Zahlenstrahl			
5		Addition			
6		Subtraktion			
7		Multiplikation			
8		Division			
9 / 10		Sachaufgaben (zur Addition, Multiplikation und Division)			
11	Geometrie	Symmetrieachsen			
12		Flächen			
13		Körper			
14	Größen und Messen	Größen umrechnen			
15		Strecken			
16		Größeneinheiten			

Anmerkungen:

_____

_____

_____

_____

_____

_____

_____

_____

_____

_____

_____   _____
Datum; Unterschrift Lehrer(in)   Unterschrift Eltern

Manuela Witzel: 10-Minuten-Grundlagentraining Mathematik Klasse 5
© Auer Verlag

	Name, Vorname	Zahlen & Grundrechenarten																	
		1. Zahlen ordnen und vergleichen		2. Nachbar-zahlen		3. Stellen-werttafel		4. Zahlen-strahl		5. Addition		6. Subtrak-tion		7. Multipli-kation		8. Division		9.–10. Sach-aufgaben	
		ET[1]	AT[2]	ET	AT	ET	AT	ET	AT	ET	AT	ET	AT	ET	AT	ET	AT	ET	AT
1																			
2																			
3																			
4																			
5																			
6																			
7																			
8																			
9																			
10																			
11																			
12																			
13																			
14																			

	Name, Vorname	Geometrie						Größen & Messen							
		11. Symmetrie		12. Flächen		13. Körper		14. Größen umrechnen		15. Strecken		16. Größen-einheiten		Punkte	
		ET	AT	ET	AT	ET	AT	ET	AT	ET	AT	ET	AT	ET	AT
1															
2															
3															
4															
5															
6															
7															
8															
9															
10															
11															
12															
13															
14															

1 Eingangstest
2 Abschlusstest

Stellenwerttafel 1

1. Trage in die Stellenwerttafel ein.

	HT	ZT	T	H	Z	E
a)						
b)						
c)						
d)						
e)						
f)						
g)						

a) 312
b) 2 345
c) 34 200
d) 9 821
e) 56 132
f) 643 500
g) 789 567

2. Schreibe die oben eingetragenen Zahlen in Worte.

a) _____
b) _____
c) _____
d) _____
e) _____
f) _____
g) _____

Stellenwerttafel 2

1. Trage in die Stellenwerttafel ein.

	HT	ZT	T	H	Z	E
a)						
b)						
c)						
d)						
e)						
f)						
g)						
h)						

a) 2 ZT + 7 T + 3 H + 5 E
b) 8 T + 7 H + 1 Z + 3 E
c) 4 HT + 6 Z + 4 T
d) 5 HT + 4 E + 7 H + 5 T
e) 17 H + 2 E + 5 T
f) fünftausendvierhundertfünfundachtzig
g) neunzehntausendzweihundertzehn
h) einhundertfünfundneunzigtausendvierhundertfünfund-
   siebzig

2. Schreibe die Zahlen a) bis e) aus Aufgabe 1 in Worte.

a) _____
b) _____
c) _____
d) _____
e) _____

Manuela Witzel: 10-Minuten-Grundlagentraining Mathematik Klasse 5
© Auer Verlag

Zahlen ordnen 1

1. Vergleiche. Setze für ☐ das passende Zeichen <, = oder > ein.

a) 35 341 ☐ 35 276

b) 265 345 ☐ 265 346

c) 4 573 ☐ 4 578

d) 21 764 ☐ 192 341

2. Ordne die Zahlen nach der Größe. Beginne mit der kleinsten Zahl. Benutze das Relationszeichen „<".

5 601, 34 578, 612, 4 378, 963 421, 607, 8 457, 23 156

3. Die Karl–May–Spiele in Bad Segeberg sind in Deutschland sehr bekannt und beliebt.

Jahr	Besucher	Jahr	Besucher
1987	146 791	1993	213 885
1988	251 554	1994	200 553
1989	260 134	1995	230 432
1990	299 255	1996	221 356
1991	317 395	1997	227 562
1992	220 084	1998	213 249

a) Ordne die Besucherzahlen nach ihrer Größe. Beginne mit den meisten Besuchern.

b) Gib an, in welchem Jahr die meisten Besucher kamen.

c) Bestimme die vier Jahre, in denen die Besucherzahlen am geringsten waren.

Zahlen ordnen 2

1. Ordne die Zahlen nach der Größe. Beginne mit der größten Zahl. Benutze das Relationszeichen „>".

3 457, 785, 1 234, 87 981, 1 243, 879 830, 4 579, 234, 7 859

2. Fertige dir die abgebildeten Kärtchen an. Lege mit diesen ...

a) ... die größtmögliche Zahl.

b) ... die kleinstmögliche Zahl.

c) ... eine Zahl, die möglichst nahe bei 500 000 liegt.

1   5   43   69   2

Vorgänger und Nachfolger 1

1. Ergänze die fehlenden Zahlen.

Nachbarhunderter		12 783		
Zahl	452		590 210	
Nachbarhunderter	2 564			45 201

2. Ergänze die fehlenden Zahlen.

Nachbarzehner				
Zahl	361	24 531	3 519	145 895
Nachbarzehner				57

3. Laura kauft sich eine Eintrittskarte für den Zoo in Frankfurt und möchte unbedingt die Giraffen sehen. Tim kauft seine Eintrittskarte etwas später an der gleichen Kasse. Berechne, wie viele Besucher zwischendurch noch eine Eintrittskarte gekauft haben.

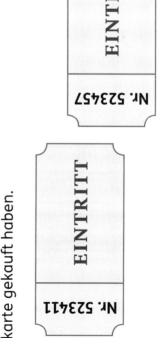

EINTRITT · Nr. 523457

EINTRITT · Nr. 523411

Vorgänger und Nachfolger 2

1. Ergänze die fehlenden Zahlen.

Nachbarhunderter				562
Zahl	2 345	45 791	23	456 231
Nachbarhunderter				

2. Im Zoo in Frankfurt werden die Besucherzahlen erfasst. Der Zähler zeigt:

6	5	0	3	9	9

a) Gib den Zählerstand an, der bei dem vorherigen Besucher angezeigt wurde.

b) Ermittle den Zählerstand, der bei dem nachfolgenden Besucher angezeigt wird.

c) Bestimme die Besucheranzahl, die höchstens von diesem Zähler erfasst werden kann.

d) Nenne eine Möglichkeit, wie man den Zähler abändern könnte, damit dieser noch mehr Besucher erfassen kann.

Manuela Witzel: 10-Minuten-Grundlagentraining Mathematik Klasse 5
© Auer Verlag

Zahlenstrahl 1

1. Ordne den Buchstaben die gesuchten Zahlen zu.

a)

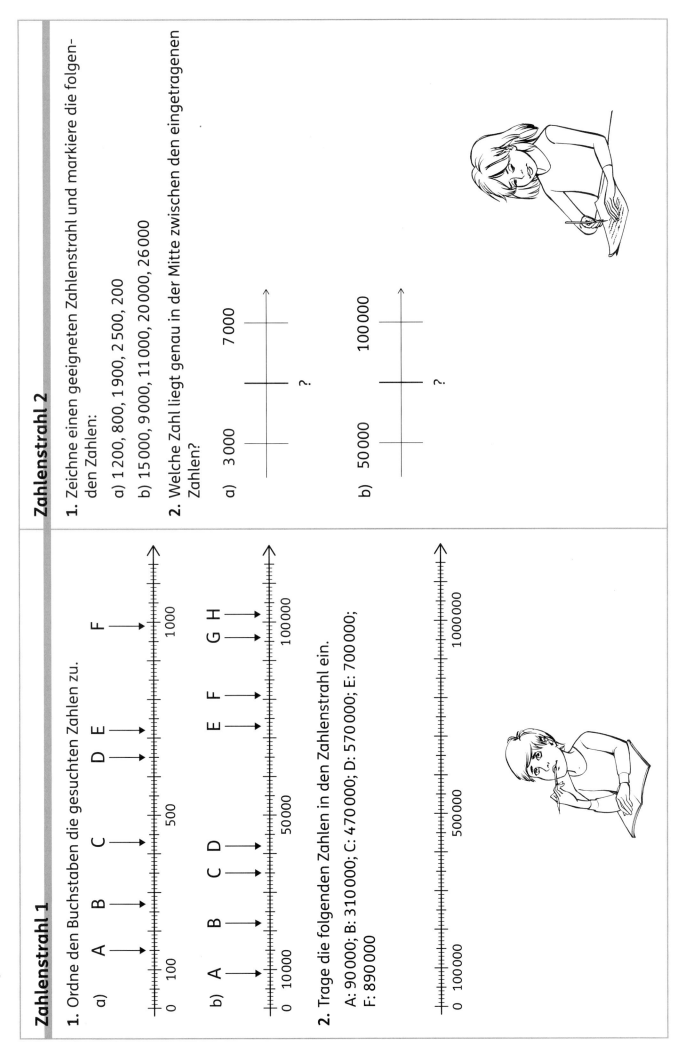

```
    A     B     C         D   E              F
    →     →     →         →   →              →
  ┼──┼──┼──┼──┼──┼──┼──┼──┼──┼──┼──┼──┼──┼──┼──→
  0  100              500                 1000
```

b)

```
  A        B        C  D              E     F   G H
  →        →        →  →              →     →   → →
  ┼──┼──┼──┼──┼──┼──┼──┼──┼──┼──┼──┼──┼──┼──┼──┼──→
  0  10000        50000               100000
```

2. Trage die folgenden Zahlen in den Zahlenstrahl ein.

A: 90000; B: 310000; C: 470000; D: 570000; E: 700000;
F: 890000

```
  ┼──┼──┼──┼──┼──┼──┼──┼──┼──┼──┼──┼──┼──┼──┼──┼──→
  0  100000       500000              1000000
```

Zahlenstrahl 2

1. Zeichne einen geeigneten Zahlenstrahl und markiere die folgenden Zahlen:

a) 1 200, 800, 1 900, 2 500, 200

b) 15 000, 9 000, 11 000, 20 000, 26 000

2. Welche Zahl liegt genau in der Mitte zwischen den eingetragenen Zahlen?

a)

```
  3000              ?              7000
  ┼─────────────────┼─────────────────┼──→
```

b)

```
  50000             ?              100000
  ┼─────────────────┼─────────────────┼──→
```

Addieren und Subtrahieren im Kopf 1

1. Rechne im Kopf und notiere nur deine Ergebnisse.

a) 65 + 34 =

b) 98 + 14 =

c) 256 + 94 =

d) 456 + 73 =

e) 84 – 51 =

f) 138 + 83 =

g) 25 + 354 =

h) 279 – 38 =

2. Bestimme jeweils zwei Karten, bei denen die Summe größer als 300 und gleichzeitig kleiner als 500 ist.

195

85

90

430

400

170

305

Addieren und Subtrahieren im Kopf 2

1. Ergänze die Lücken.

a) ☐ $\xrightarrow{+12}$ 85

b) ☐ $\xrightarrow{+28}$ 69

c) 54 ☐ $\xrightarrow{}$ 163

d) 98 $\xrightarrow{+120}$ ☐

2. Ergänze die Lücken in der Additions-Zahlenmauer.

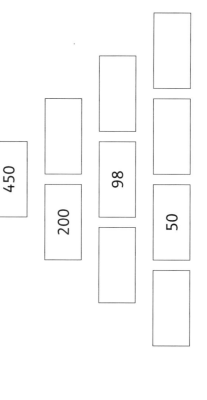

450

200

98

50

Manuela Witzel: 10-Minuten-Grundlagentraining Mathematik Klasse 5
© Auer Verlag

Manuela Witzel: 10-Minuten-Grundlagentraining Mathematik Klasse 5
© Auer Verlag

Addieren und Subtrahieren im Kopf 3

1. Kopfrechnen leicht gemacht:

Rechne geschickt, indem du die Summanden vertauschst.

Beispiel: $35 + 64 + 75 = 35 + 75 + 64$
$= 110 + 64$
$= 174$

a) $16 + 57 + 34$

b) $39 + 75 + 11$

c) $56 + 38 + 4$

d) $17 + 11 + 73$

e) $121 + 35 + 9$

f) $11 + 33 + 99$

g) $1 + 2 + 3 + 39 + 47 + 28$

h) $1700 + 215 + 300 + 450$

Addieren und Subtrahieren im Kopf 4

1. Welcher Frosch hüpft auf welche Seerose? Die Summe beider Zahlen muss immer 1 000 ergeben.

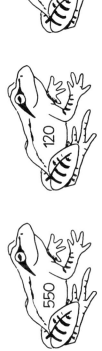

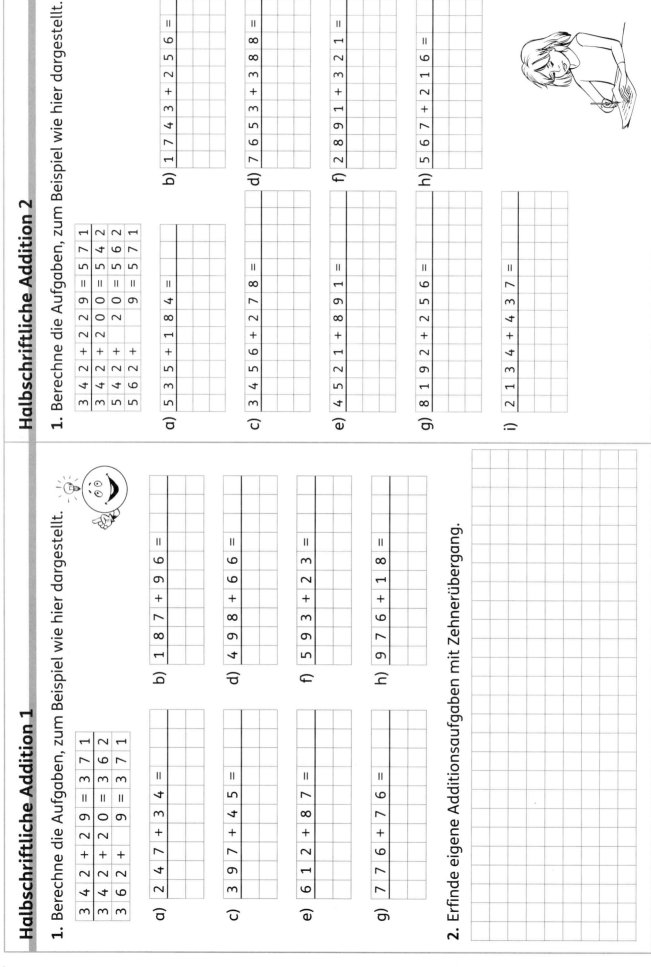

Halbschriftliche Addition 1

1. Berechne die Aufgaben, zum Beispiel wie hier dargestellt.

3 4 2 + 2 9 = 3 7 1
3 4 2 + 2 0 = 3 6 2
3 6 2 + 9 = 3 7 1

a) 2 4 7 + 3 4 =

b) 1 8 7 + 9 6 =

c) 3 9 7 + 4 5 =

d) 4 9 8 + 6 6 =

e) 6 1 2 + 8 7 =

f) 5 9 3 + 2 3 =

g) 7 7 6 + 7 6 =

h) 9 7 6 + 1 8 =

2. Erfinde eigene Additionsaufgaben mit Zehnerübergang.

Halbschriftliche Addition 2

1. Berechne die Aufgaben, zum Beispiel wie hier dargestellt.

3 4 2 + 2 2 9 = 5 7 1
3 4 2 + 2 0 0 = 5 4 2
5 4 2 + 2 0 = 5 6 2
5 6 2 + 9 = 5 7 1

a) 5 3 5 + 1 8 4 =

b) 1 7 4 3 + 2 5 6 =

c) 3 4 5 6 + 2 7 8 =

d) 7 6 5 3 + 3 8 8 =

e) 4 5 2 1 + 8 9 1 =

f) 2 8 9 1 + 3 2 1 =

g) 8 1 9 2 + 2 5 6 =

h) 5 6 7 + 2 1 6 =

i) 2 1 3 4 + 4 3 7 =

Manuela Witzel: 10-Minuten-Grundlagentraining Mathematik Klasse 5
© Auer Verlag

Manuela Witzel: 10-Minuten-Grundlagentraining Mathematik Klasse 5
© Auer Verlag

Halbschriftliche Subtraktion 1

1. Berechne die Aufgaben, zum Beispiel wie hier dargestellt.

3 4 2	– 2 9	= 3 1 3
3 4 2	– 2 0	= 3 2 2
3 2 2	– 9	= 3 1 3

a) 2 5 4 – 3 9 =

b) 6 7 5 – 6 8 =

c) 4 9 2 – 4 1 =

d) 3 2 4 – 8 5 =

e) 5 3 8 – 6 5 =

f) 6 1 8 – 4 6 =

g) 7 0 3 – 2 8 =

2. Erfinde eigene Additionsaufgaben mit Zehnerübergang.

Halbschriftliche Subtraktion 2

1. Berechne die Aufgaben, zum Beispiel wie hier dargestellt.

3 4 2	– 2 2 9	= 1 1 3
3 4 2	– 2 0 0	= 1 4 2
1 4 2	– 2 0	= 1 2 2
1 2 2	– 9	= 1 1 3

a) 5 8 3 – 1 3 7 =

b) 6 4 5 – 3 9 2 =

c) 2 4 5 9 – 6 8 7 =

d) 3 1 7 8 – 5 1 3 =

e) 5 6 2 7 – 2 4 5 =

f) 7 2 3 7 – 4 2 1 =

g) 1 2 6 7 – 5 8 9 =

Addition und Subtraktion 1

1. Zahlensteine:
Bestimme immer zwei Zahlensteine so, dass ...

34   257   95   516

489   605   183

a) ... es die größtmögliche Summe ergibt.

b) ... die Differenz möglichst groß wird.

c) ... es die kleinstmögliche Summe ergibt.

d) ... die Differenz möglichst klein wird.

Tipp

Summe = Ergebnis einer Addition
Differenz = Ergebnis einer Subtraktion

Addition und Subtraktion 2

1. Zahlensteine:
Bestimme immer zwei Zahlensteine so, dass ...

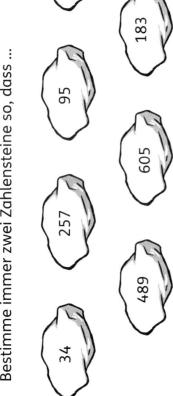

34   257   95   516

489   605   183

a) ... die Summe vierstellig wird.

b) ... die Differenz zweistellig wird.

c) ... die Summe zwischen 600 und 650 liegt.

d) ... die Differenz zwischen 100 und 200 liegt.

Finde immer alle Möglichkeiten.

Tipp

Summe = Ergebnis einer Addition
Differenz = Ergebnis einer Subtraktion

Manuela Witzel: 10-Minuten-Grundlagentraining Mathematik Klasse 5
© Auer Verlag

Manuela Witzel: 10-Minuten-Grundlagentraining Mathematik Klasse 5
© Auer Verlag

Überschlag 1

1. Finde vier richtige Aufgaben.

Nutze hierzu nur den Überschlag. Berechne danach die Aufgaben.

1. Summand	2. Summand	Summe
54 321	3 541	90 555
87 213	8 043	15 775
12 234	2 345	40 195
32 152	3 342	56 666

Überschlag 2

1. Finde vier richtige Aufgaben.

Nutze hierzu nur den Überschlag. Berechne danach die Aufgaben.

Minuend	Subtrahend	Differenz
32 123	8 305	68 978
71 345	5 001	31 556
56 731	567	10 669
15 670	2 367	48 426

Schriftliche Addition 1

1. Berechne. Bestimme zuerst den Überschlag.

a)

	1	2	4	7
+	4	5	6	9
=				

b)

		2	9	3
+	1	4	7	8
=				

c)

	2	5	6
+	7	5	6	7
=			

d)

	5	0	3	4
+		5	4	3
=				

e)

	1	4	5
+	8	7	6	5
=			

f)

	8	9	7	6
+		2	8	7
=				

g)

	1	6	0	3
+		9	7	8
=				

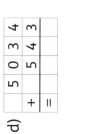
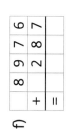
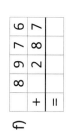

Schriftliche Addition 2

1. Schreibe stellengerecht untereinander und berechne mithilfe des Überschlags.

a) 287 + 3541

b) 4781 + 5678

c) 51203 + 6753

d) 2004 + 8968

e) 11321 + 784 + 113

f) 4532 + 34 + 7654

Manuela Witzel: 10-Minuten-Grundlagentraining Mathematik Klasse 5
© Auer Verlag

Manuela Witzel: 10-Minuten-Grundlagentraining Mathematik Klasse 5
© Auer Verlag

Schriftliche Subtraktion 1

1. Berechne. Bestimme zuerst den Überschlag.

a)

	3	2	4	9
−		1	3	4
=				

b)

	4	5	7	8
−	1	7	8	9
=				

c)

	6	9	8	7
−	2	1	9	8
=				

d)

	1	5	7	4	6
−		8	2	9	1
=					

e)

	2	1	3	2	1
−			5	6	7
−			1	3	5
=					

Schriftliche Subtraktion 2

1. Schreibe stellengerecht untereinander und berechne mithilfe des Überschlags.

a) 2 231 − 345

b) 34 567 − 5 478

c) 45 562 − 6 712

d) 76 522 − 897 − 234

e) 189 567 − 34 765

Schriftliche Addition und Subtraktion 1

1. Berechne die Zahl, die man zu 53 421 addieren muss, damit man das folgende Ergebnis erhält:

   a) 54 075.

   b) 55 210.

   c) 69 099.

2. Berechne die Zahl, die man von 23 189 subtrahieren muss, damit man das folgende Ergebnis erhält:

   a) 21 611.

   b) 19 911.

   c) 3 844.

Schriftliche Addition und Subtraktion 2

1. Hier war der Klecksteufel unterwegs. Ergänze die fehlenden Ziffern und berechne die Aufgaben.

a)
```
    4  3  ☁  7
 +  ☁  6  4  2
 ------------
    9  ☁  9  ☁
```

b)
```
    ☁  ☁  8  3  2
 +  3  ☁  ☁  ☁  1
 ---------------
    1  1  0  4  ☁
```

c)
```
    4  ☁  2  1
 -  3  ☁  4  ☁
 ------------
    2  7  ☁  9
```

d)
```
    9  1  2  3
 -  ☁  4  2  1
 ------------
    6  2  ☁  1
```

e)
```
    5  6  9  1  2
 +  ☁  ☁  ☁  ☁  ☁
 ---------------
    7  8  8  9  3
```

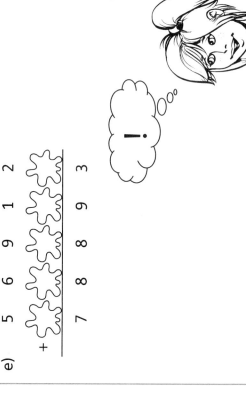

Manuela Witzel: 10-Minuten-Grundlagentraining Mathematik Klasse 5
© Auer Verlag

Manuela Witzel: 10-Minuten-Grundlagentraining Mathematik Klasse 5
© Auer Verlag

Schriftliche Addition und Subtraktion 3

1. Lege mithilfe der Ziffernkärtchen Aufgaben zur Addition oder Subtraktion.

Bilde aus den folgenden Ziffernkärtchen fünfstellige Zahlen, wobei eine Ziffer nur einmal vorkommen darf.

2	3	4	5	6

Beispiele:

```
  5 6 3 4 2
+ 2 4 6 3 5
=
```

```
  5 6 3 4 2
- 2 4 6 3 5
=
```

a) Berechne die beiden Aufgaben des Beispiels.

b) Finde Aufgaben, sodass die folgenden Aussagen richtig sind:

b1) Die Summe ist so groß wie möglich.

b2) Die letzte Ziffer des Ergebnisses ist eine 1.

b3) Das Ergebnis ist sechsstellig.

★ Gib für b2) und b3) verschiedene Möglichkeiten an.

Schriftliche Addition und Subtraktion 4

1. Lege mithilfe der Ziffernkärtchen Aufgaben zur Addition oder Subtraktion.

Bilde aus den folgenden Ziffernkärtchen fünfstellige Zahlen, wobei eine Ziffer nur einmal vorkommen darf.

2	3	4	5	6

Beispiele:

```
  5 6 3 4 2
+ 2 4 6 3 5
=
```

```
  5 6 3 4 2
- 2 4 6 3 5
=
```

Finde Aufgaben, sodass die folgenden Aussagen richtig sind:

a) Das Ergebnis ist vierstellig.

b) Die letzten zwei Ziffern des Ergebnisses sind Einsen.

c) Das Ergebnis liegt zwischen 0 und 150.

Gib verschiedene Möglichkeiten an.

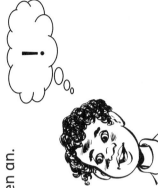

Sachaufgaben zur Addition und Subtraktion 1

1. Peter, Jonas und Keno rechnen alle anders, kommen aber auch zur richtigen Lösung.

a) Ergänze die Lücken der einzelnen Rechnungen.

Peter

7 4 5 + 3 8 9 = ☐
7 4 5 + 3 0 0 = ☐
☐ + 8 9 = ☐

Jonas

7 4 5 + 3 8 9 = ☐
7 4 5 + 4 0 0 = ☐
☐ − 1 1 = ☐

Keno

7 4 5 + 3 8 9 = ☐
7 4 5 + 3 0 0 = ☐
☐ + 5 0 = ☐
☐ + 3 9 = ☐

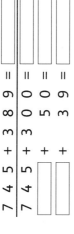

b) Entscheide dich für den Rechenweg, den du am besten findest. Begründe deine Entscheidung.

Sachaufgaben zur Addition und Subtraktion 2

1. Ein Hotel in Frankfurt hatte im Vorjahr 27 819 Gäste. Im Vorjahr hatte es 432 Gäste weniger. Berechne die Anzahl der Gäste im Vorjahr.

2. Vater, Mutter und Sohn sind zusammen 89 Jahre alt. Die Mutter ist 35 Jahre alt, der Sohn ist 14 Jahre alt. Ermittle das Alter des Vaters.

3. Bauer Heinrich hat 538 Rinder, 235 Schweine, 41 Schafe, 25 Hühner, vier Katzen und zwei Hunde. Berechne, wie viele Tiere auf seinem Bauernhof leben.

Manuela Witzel: 10-Minuten-Grundlagentraining Mathematik Klasse 5
© Auer Verlag

Manuela Witzel: 10-Minuten-Grundlagentraining Mathematik Klasse 5
© Auer Verlag

Sachaufgaben zur Addition und Subtraktion 3

1. Familie Müller kauft eine Eigentumswohnung. Diese kostet 145 000 €. Hinzu kommen Umbaumaßnahmen, die 35 778 € kosten. Familie Müller hat ein Sparguthaben von 96 500 € auf ihrem Konto. Berechne den Geldbetrag, den die Familie noch bei der Bank aufnehmen muss.

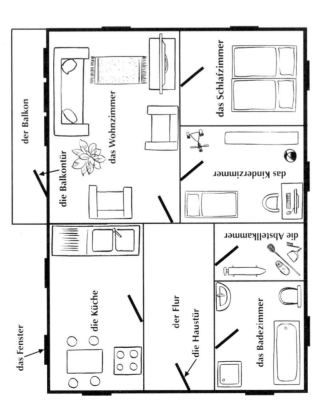

2. Melissa läuft die Sportplatzrunde (400 m) in 78 Sekunden. Sie rechnet nun aus, wie viel sie für 5 Runden benötigt. Entscheide und begründe, ob das sinnvoll ist.

Sachaufgaben zur Addition und Subtraktion 4

1. Martin, Kim, Mika und Daphne wollen wissen, wer in den Ferien am meisten Fahrrad gefahren ist. Hierzu haben sie ihren Kilometerstand vor und nach den Sommerferien aufgeschrieben.

Martin: vor den Ferien: 976 km
nach den Ferien: 1 121 km

Kim: vor den Ferien: 1 687 km
nach den Ferien: 1 912 km

Mika: vor den Ferien: 2 134 km
nach den Ferien: 2 467 km

Daphne: vor den Ferien: 582 km
nach den Ferien: 697 km

Formuliere drei weitere Fragen und löse diese.

Multiplizieren und Dividieren im Kopf 1

1. Berechne im Kopf.

a) 5 · 10

b) 77 · 10

c) 850 · 10

d) 32 · 10

e) 6 · 100

f) 25 · 100

g) 10 · 429

h) 100 · 12

i) 891 · 1 000

j) 1 000 · 23

k) 10 000 · 60

2. Berechne im Kopf.

a) 80 : 10

b) 900 : 10

c) 8 700 : 10

d) 1 200 : 100

e) 346 000 : 1 000

f) 91 010 : 10

g) 45 000 : 1 000

h) 78 900 : 100

i) 6 700 : 100

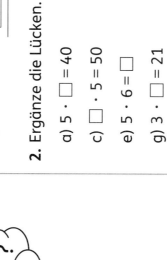

Multiplizieren und Dividieren im Kopf 2

1. Ergänze die Lücken.

a) 12 $\xrightarrow{\cdot\,100}$ ☐

b) 4 500 → 45

c) ☐ $\xrightarrow{\cdot\,6}$ 54

d) 63 → 6 300

2. Ergänze die Lücken.

a) 5 · ☐ = 40

b) ☐ · 9 = 63

c) ☐ · 5 = 50

d) 4 · ☐ = 12

e) 5 · 6 = ☐

f) 2 · ☐ = 18

g) 3 · ☐ = 21

h) ☐ · 6 = 48

i) 35 : ☐ = 5

j) ☐ : 8 = 8

k) ☐ : 3 = 9

l) 20 : 2 = ☐

m) 10 : ☐ = 2

n) 54 : 6 = ☐

o) 28 : ☐ = 7

p) ☐ · 9 = 81

Manuela Witzel: 10-Minuten-Grundlagentraining Mathematik Klasse 5
© Auer Verlag

Halbschriftliche Multiplikation

1. Berechne die Aufgaben, zum Beispiel wie hier dargestellt.

| 16 · 15 = 240 |
| 16 · 10 = 160 |
| 16 · 5 = 80 |

a) 17 · 25 =

b) 34 · 12 =

c) 65 · 45 =

d) 72 · 11 =

e) 36 · 52 =

f) 86 · 19 =

g) 38 · 34 =

Halbschriftliche Division

1. Berechne die Aufgaben, zum Beispiel wie hier dargestellt.

| 255 : 5 = 51 |
| 200 : 5 = 40 |
| 50 : 5 = 10 |
| 5 : 5 = 1 |

a) 123 : 3 =

b) 565 : 5 =

c) 836 : 4 =

d) 1008 : 8 =

e) 759 : 3 =

f) 1134 : 6 =

Schriftliche Multiplikation 1

1. Bilde alle möglichen Multiplikationsaufgaben und nutze jeweils eine Zahl aus jedem Kasten.

34, 98, 24, 123	6, 3, 5, 7

Schriftliche Multiplikation 2

1. Berechne die Aufgaben, zum Beispiel wie hier dargestellt. Bestimme zuerst den Überschlag.

$$3\,2\,5 \cdot 1\,5$$

Überschlag:
$$3\,0\,0 \cdot 1\,5 = 4\,5\,0\,0$$

```
  3 2 5
  1 6 2 5
  4 8 7 5
```

a) $6\,7 \cdot 7\,6$ Überschlag:

b) $7\,6 \cdot 9\,5$ Überschlag:

c) $3\,2\,1 \cdot 1\,5$ Überschlag:

d) $5\,4 \cdot 3\,4\,2$ Überschlag:

2. Tim hat die Aufgabe $714 \cdot 15$ dreimal gerechnet. Er kommt allerdings auch zu drei unterschiedlichen Ergebnissen. Bestimme die Ergebnisse, die auf jeden Fall falsch sind, und das Merkmal, an dem du das sofort erkennen kannst.

3 570, 10 710, 93 570

Manuela Witzel: 10-Minuten-Grundlagentraining Mathematik Klasse 5
© Auer Verlag

Manuela Witzel: 10-Minuten-Grundlagentraining Mathematik Klasse 5
© Auer Verlag

Schriftliche Division mit einstelliger Zahl 1

1. Berechne. Bestimme zuerst den Überschlag.

Beispiel:

2	3	4	8	:	4	=	5	8	7
2	0								
	3	4							
	3	2							
		2	8						
		2	8						
			0						

Überschlag:
2 0 0 0 : 4 = 5 0 0

a) 5 4 0 : 2 =

Überschlag:

b) 1 7 2 8 : 3 =

Überschlag:

c) 3 1 6 5 0 : 5 =

Überschlag:

Schriftliche Division mit einstelliger Zahl 2

1. Dividiere schriftlich und kontrolliere danach dein Ergebnis.

Beispiel:

2	3	4	8	:	4	=	5	8	7
2	0								
	3	4							
	3	2							
		2	8						
		2	8						
			0						

Kontrolle:
5	8	7	·	4
2	3	4	8	

a) 9 5 0 4 : 4 =

Kontrolle:

b) 5 2 1 8 2 : 9 =

Kontrolle:

2. Jonas hat die folgende Aufgabe gerechnet. Finde den Fehler, den er gemacht hat. Erkläre und berichtige.

1	2	4	5	2	0	:	4	=	3	1	1	3
1	2											
		0	4									
			4									
			0	5								
				4								
				1	2							
				1	2							
					0							

Schriftliche Division mit zweistelliger Zahl

1. Berechne. Bestimme zuerst den Überschlag. Kontrolliere dein Ergebnis. Beispiel:

```
4 9 8 4 : 1 4 = 3 5 6       Überschlag:
4 2                          4 2 0 0 : 1 4 = 3 0 0
  7 8
  7 0                        Kontrolle:
    8 4                      3 5 6 · 1 4
    8 4                          3 5 6
      0                        1 4 2 4
                              4 9 8 4
```

a) 4 3 8 0 : 1 2 =

Überschlag:

Kontrolle:

b) 3 5 1 0 : 1 5 =

Überschlag:

Kontrolle:

c) 35 780 : 20 =   Überschlag: Kontrolle:

d) 91 175 : 25 =   Überschlag: Kontrolle:

Schriftliche Division mit mehrstelliger Zahl

1. Dividiere. Finde einen Rechenweg, um die Rechnung zu vereinfachen. Schreibe eine Regel dazu auf.

a) 1 400 : 700

b) 24 000 : 600

c) 360 000 : 4 000

d) 9 600 : 40

<u>Regel:</u>

Manuela Witzel: 10-Minuten-Grundlagentraining Mathematik Klasse 5
© Auer Verlag

Manuela Witzel: 10-Minuten-Grundlagentraining Mathematik Klasse 5
© Auer Verlag

Schriftliche Division mit Rest

1. Berechne. Kontrolliere danach auch dein Ergebnis.

a) 7 8 3 : 2 =

```
3 4 7 : 3 = 1 1 5 R 2
3
0 4
  3
  1 7
  1 5
    2
```

b) 2 1 5 : 8 =

c) 1 4 5 9 : 6 =

d) 3 9 5 6 4 : 5 =

e) 7 4 8 1 : 3 =

Multiplikation und Division

1. Ergänze die Lücken.

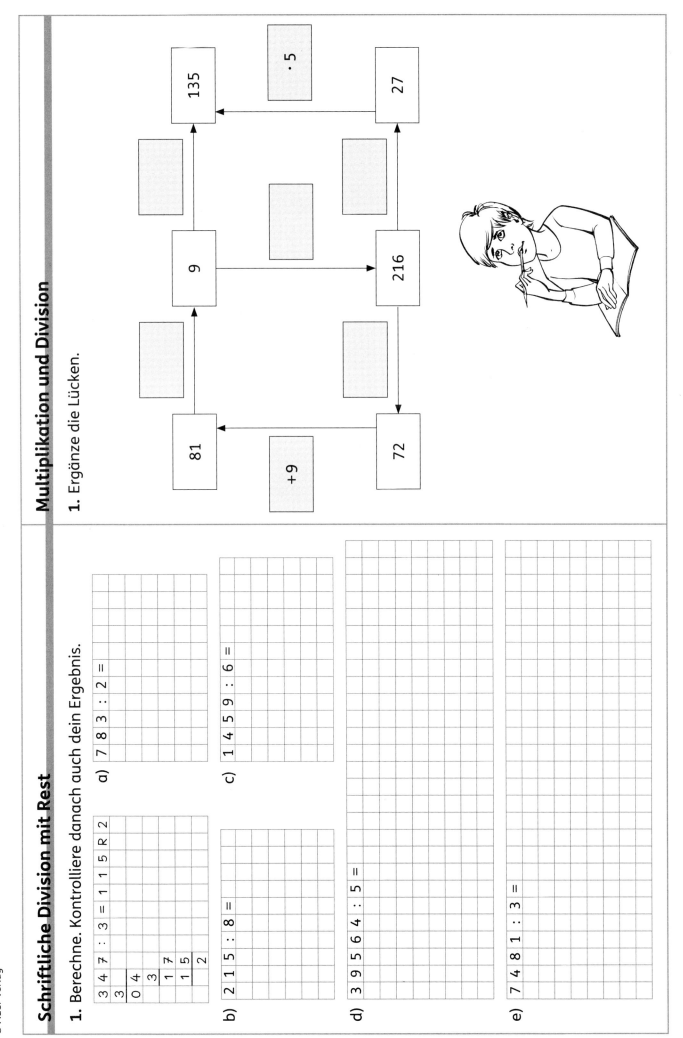

81 → 9 → 135
· 5
9 → 216
72 → 27
+9

Sachaufgaben zur Multiplikation 1

1. Herr Müller läuft zu einem Nachbarort, um einen Freund zu besuchen. Er benötigt hierfür 55 Minuten. Berechne die Entfernung zwischen beiden Orten, wenn Herr Müller pro Minute 80 m zurücklegt.

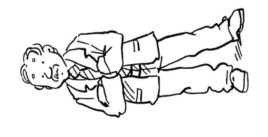

2. Ein Flugzeug fliegt in der Minute 8 km. Ermittle die Entfernung, die es in einer Stunde zurücklegt.

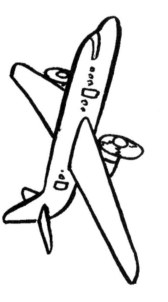

Sachaufgaben zur Multiplikation 2

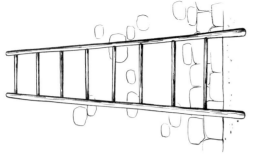

1. Die 26 Sprossen einer Leiter sind voneinander und auch von den Enden der Leiter jeweils 25 cm entfernt. Berechne die Länge der Leiter.

2. Peter möchte an seinem Geburtstag mit seinen Freunden ins Kino gehen. Pro Person kostet der Eintritt 8 €. Er hat acht Freunde eingeladen. Ab der zehnten Person muss jeder nur noch 7 € Eintritt bezahlen. Entscheide, ob Peter noch eine Person mehr einladen sollte. Begründe deine Entscheidung.

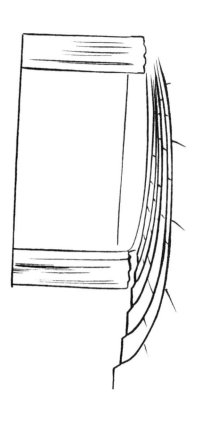

Manuela Witzel: 10-Minuten-Grundlagentraining Mathematik Klasse 5
© Auer Verlag

Manuela Witzel: 10-Minuten-Grundlagentraining Mathematik Klasse 5
© Auer Verlag

Sachaufgaben zur Division 1

1. Der ortsansässige Fußballverein möchte sich neue Jogging-
anzüge und Trikots kaufen. Hierzu sucht er nach Sponsoren.
Die kompletten Kosten belaufen sich auf 2 345 €.

a) Die Mannschaft hat hierfür fünf Sponsoren gefunden.
Berechne den Betrag, den jeder Sponsor bezahlen müsste.

b) Ermittle den Betrag, den jeder Sponsor bezahlen müsste,
wenn es sieben Sponsoren gibt.

c) Die Ausrüstung soll für 25 Personen sein. Berechne die Kosten
für ein Set.

Sachaufgaben zur Division 2

1. Stelle geeignete Fragen und beantworte sie.

a) Sieben Freunde gewinnen im Lotto zusammen 669 221 €.

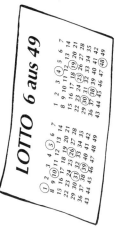

b) Das Busunternehmen Peter bietet eine Fahrt in den Zoo nach
Hannover an. Insgesamt können 35 Personen mitfahren. Der
Zoobesuch inklusive Busfahrt kostet insgesamt 1 225 €.

c) In einem Ferienort wurden in der Hauptsaison 37 840 Über-
nachtungen gezählt. Die Hauptsaison dauert genau 16 Wochen.

Sachaufgaben zur Multiplikation und Division 1

1. Formuliere jeweils eine sinnvolle Aufgabe mit den vorgegebenen Situationen und löse diese.

a) Mit dem Aufzug sollen 24 Kisten Papier mit je 40 kg Gewicht transportiert werden.

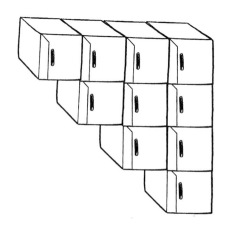

b) Die Treppe des 1. Stockes hat 20 Treppenstufen. Der Aufgang zum 2. Stock hat 27 Treppenstufen. Jede Stufe hat eine Höhe von 20 cm.

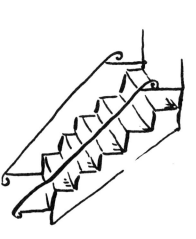

Sachaufgaben zur Multiplikation und Division 2

1. Stelle sinnvolle Fragen und beantworte sie.

a) Evas Eltern wollen ihren Garten neu gestalten. Sie vergleichen die einzelnen Preisangebote.
Eine Gärtnerei verlangt für 25 Bäume 925 €. Der Baumarkt bietet 30 Bäume der gleichen Sorte für 1 080 € an.

b) Zwei Elektromärkte bieten jeweils den gleichen Fernseher zu unterschiedlichen Raten an.

23 Raten zu 65 €   20 Raten zu 70 €

Manuela Witzel: 10-Minuten-Grundlagentraining Mathematik Klasse 5
© Auer Verlag

Manuela Witzel: 10-Minuten-Grundlagentraining Mathematik Klasse 5
© Auer Verlag

Verschiedene Übungen zu den Grundrechenarten 1

1. Berechne.

a) 800 : 25

b) 126 000 + 9 500

c) 1 800 · 40

d) 672 : 12

e) 78 945 – 3 689

f) 478 + 6 952 + 35

g) 75 621 – 25 – 5 879

h) 39 252 : 6

i) 2 567 · 278

$$800 : 25 = ?$$

Verschiedene Übungen zu den Grundrechenarten 2

1. Ergänze die Lücken der Rechenbäume.

a)

| 452 | 68 | | 789 | 564 |

+ · –

b)

| 16 | 9 | | 12 |

· ··

Verschiedene Übungen zu den Grundrechenarten 3

1. Rechenrätsel: Bestimme meine gedachte Zahl.

a) Wenn man zu meiner Zahl 9 765 addiert, so erhält man 125 901.

b) Wenn man von meiner Zahl 4 520 subtrahiert, so erhält man 9 764.

c) Wenn ich meine Zahl mit 5 multipliziere, so erhalte ich 288 465.

d) Wenn ich meine Zahl durch 7 dividiere, so erhalte ich 6 325.

Verschiedene Übungen zu den Grundrechenarten 4

1. Marie möchte sich ein neues Fahrrad kaufen. Das Fahrrad kostet 1 389 €. Sie hat bisher 535 € gespart. Berechne den Betrag, der ihr noch fehlt.

2. Ein Heißluftballon befindet sich in einer Höhe von 465 m. Ermittle die Höhe, in der sich der Ballon befindet, wenn er um 1 683 m gestiegen ist.

3. Opa Klaus möchte mit seinen fünf Enkeln in den 80 km entfernten Zoo fahren. Hierfür möchte er sich einen Kleinbus mieten. Es gibt zwei Angebote.

Hilf Opa Klaus bei seiner Entscheidung, das günstigere Angebot auszuwählen. Begründe deine Entscheidung.

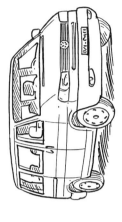

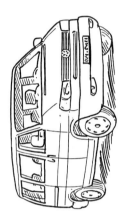

Angebot:
159 € pro Tag
ohne Kilometerbegrenzung

Angebot:
68 € pro Tag + 50 Cent
pro gefahrener Kilometer

Manuela Witzel: 10-Minuten-Grundlagentraining Mathematik Klasse 5
© Auer Verlag

Manuela Witzel: 10-Minuten-Grundlagentraining Mathematik Klasse 5
© Auer Verlag

Verschiedene Übungen zu den Grundrechenarten 5

1. Bei Flügen darf jeder Passagier 8 kg Handgepäck und einen Reisekoffer mit 20 kg mitnehmen. Es wird angenommen, dass eine Person im Durchschnitt 80 kg wiegt.

a) Berechne das Gewicht des Reisegepäcks in dem Flugzeug, wenn 550 Passagiere an Bord sind.

b) Ermittle das Gesamtgewicht aller Menschen im Flugzeug.

2. Berechne die Anzahl der Spinnen, die insgesamt genauso viele Beine haben wie 18 Bienen, 180 Fliegen und 9 Schweine zusammen.

Verschiedene Übungen zu den Grundrechenarten 6

1. In der Tabelle siehst du, wie viele Einwohner die einzelnen Ortschaften haben.

Ort	Anzahl Einwohner
A–Ort	1 345
B–Ort	12 457
C–Ort	689
D–Ort	5 689
E–Ort	45 789

a) Berechne die Gesamtzahl der Einwohner von A–Ort, B–Ort und C–Ort.

b) Bestimme den Unterschied zwischen der Anzahl der Einwohner von E–Ort und der Anzahl der Einwohner von D–Ort.

c) Ermittle die Gesamtzahl der Einwohner aller fünf Ortschaften.

Name: _____ Datum: _____ Klasse: _____

Zwischentest – Zahlen und Grundrechenarten

1. Trage die folgenden Zahlen in die Stellenwerttafel ein. ☐ **3**

a) 5003

b) 14567

c) 5T 7H 8Z 4E

d) 3H 5ZT 14 Z 6E

e) fünfundsechzigtausendvierhundertdreizehn

f) dreihundertfünftausendundelf

	HT	ZT	T	H	Z	E
a)						
b)						
c)						
d)						
e)						
f)						

2. Lege die Steine so, dass es … ☐ **2**

   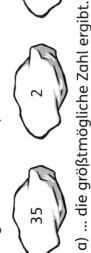

35 2 76 9

a) … die größtmögliche Zahl ergibt.

b) … die kleinstmögliche Zahl ergibt.

3. Zeichne einen geeigneten Zahlenstrahl und markiere die folgenden Zahlen: ☐ **4**

355, 410, 325, 255, 290, 360

4. Berechne.

a) 1234 + 456 ☐ **1**

b) 45421 – 569 ☐ **1**

c) 789 · 36 ☐ **1,5**

d) 4783 + 847 + 689 ☐ **1,5**

e) 7 · 3549 ☐ **1**

f) 98745 – 521 – 35 ☐ **1**

g) 195 : 3 ☐ **1**

h) 2254 : 23 ☐ **1,5**

5. Die Klasse 5a besucht am Wandertag den Zoo. Die Klassenlehrerin soll für den Eintritt der Kinder an der Kasse 104 € bezahlen. Sie bezahlt mit einem 100 € Schein und einem 50 € Schein.

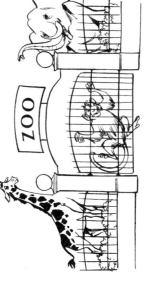

a) Berechne den Betrag, den die Lehrerin zurückbekommt. ☐ **1**

b) In der Klasse sind 26 Schüler. Ermittle den Eintrittspreis pro Schüler. ☐ **1,5**

☐ **21**

Manuela Witzel: 10-Minuten-Grundlagentraining Mathematik Klasse 5
© Auer Verlag

Manuela Witzel: 10-Minuten-Grundlagentraining Mathematik Klasse 5
© Auer Verlag

Körper – Ecken, Kanten, Flächen 1

1. Bestimme die dargestellten Körper und notiere jeweils auch die Anzahl ihrer Flächen, Ecken und Kanten.

Gegenstand	Globus	Kerze	Paket
Körper			
Flächen			
Ecken			
Kanten			

Gegenstand	Spielwürfel	Zelt	Partyhut
Körper			
Flächen			
Ecken			
Kanten			

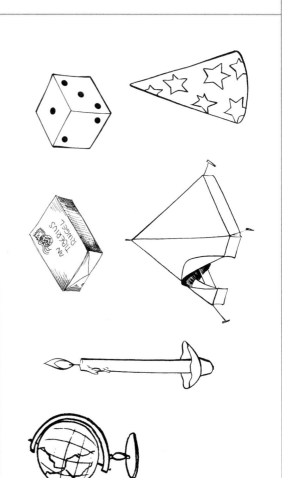

Körper – Ecken, Kanten, Flächen 2

1. Gib an, welche Körper die folgenden Eigenschaften besitzen.

a) Alle sechs Flächen sind gleich groß.

b) Er hat keine Kante.

c) Er hat genau sechs Flächen.

d) Er hat vier dreieckige Flächen.

e) Er hat genau drei Flächen.

f) Er hat genau acht Kanten.

g) Er hat zwei Kanten und drei Flächen.

h) Er kann gerollt werden, ohne zu „holpern".

2. Verpackte Ware wird im Supermarkt sehr oft in Regalen zum Verkauf angeboten. Gib die Verpackungsformen an, die sich hierzu besonders eignen, und die, die eher unpraktisch sind. Begründe.

a) Quader

b) Zylinder

c) Pyramide

d) Würfel

e) Kegel

f) Kugel

Chips

Party

Badespaß

Grillanzünder

Schokolade

Pralinen

Würfelnetze 1

1. a) Finde die richtigen Würfelnetze. Nicht alle Netze lassen sich zu Würfeln zusammenfalten.

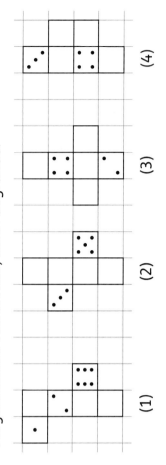

1   2   3   4   5

6   7   8   9   10

b) Färbe die gegenüberliegenden Flächen von den richtigen Würfelnetzen mit derselben Farbe.

Würfelnetze 2

1. Bei einem Spielwürfel ergeben die gegenüberliegenden Augenzahlen immer die Summe 7.

a) Trage weitere Augenzahlen ein, sodass beim Falten ein Spielwürfel entsteht. Prüfe, ob dies bei allen Netzen geht. Wenn ja, dann zeichne das Netz in dein Heft und ergänze die fehlenden Augenzahlen. Wenn nein, dann begründe.

(1)   (2)   (3)   (4)

b) Zeichne ein weiteres Netz eines Spielwürfels mit einer Kantenlänge von 3 cm in dein Heft und ergänze die Augenzahlen.

Manuela Witzel: 10-Minuten-Grundlagentraining Mathematik Klasse 5
© Auer Verlag

Manuela Witzel: 10-Minuten-Grundlagentraining Mathematik Klasse 5
© Auer Verlag

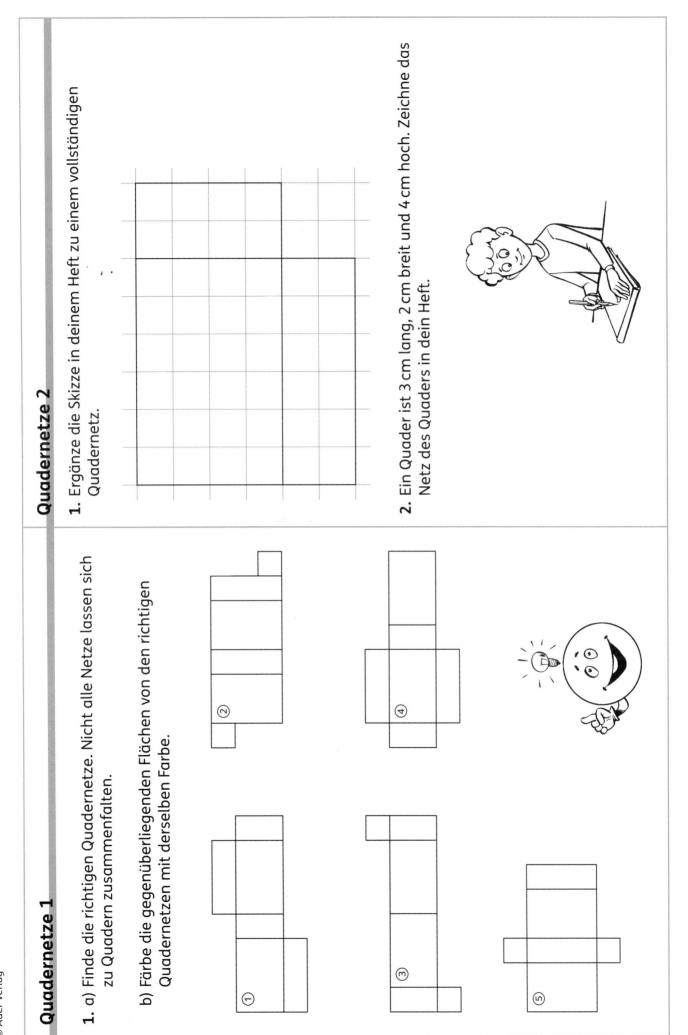

Quadernetze 2

1. Ergänze die Skizze in deinem Heft zu einem vollständigen Quadernetz.

2. Ein Quader ist 3 cm lang, 2 cm breit und 4 cm hoch. Zeichne das Netz des Quaders in dein Heft.

Quadernetze 1

1. a) Finde die richtigen Quadernetze. Nicht alle Netze lassen sich zu Quadern zusammenfalten.

b) Färbe die gegenüberliegenden Flächen von den richtigen Quadernetzen mit derselben Farbe.

①

②

③

④

⑤

Schrägbilder des Würfels

1. Zeichne das Schrägbild des Würfels mit Kantenlänge 2 cm in dein Heft. Hier siehst du, wie du schrittweise vorgehen kannst.

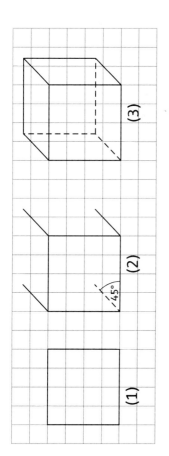

(1) (2) (3)

Tipp: Die seitliche Kante wird als schräge Linie gezeichnet. Sie steht im 45°-Winkel zur Vorderseite und wird mit dem Faktor $\frac{1}{2}$ dargestellt. Aus 2 cm werden hier also 1 cm. So wirkt das Schrägbild dreidimensional.

2. Zeichne das Schrägbild eines Würfels mit Kantenlänge 3 cm in dein Heft.

Schrägbilder des Quaders

1. Zeichne die Schrägbilder des Quaders mit den hier vorgegebenen Längen in dein Heft.

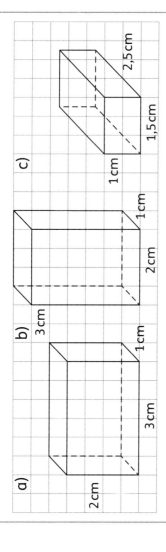

a) 2 cm 3 cm 1 cm

b) 3 cm 2 cm 1 cm

c) 1 cm 2,5 cm 1,5 cm

Manuela Witzel: 10-Minuten-Grundlagentraining Mathematik Klasse 5
© Auer Verlag

Manuela Witzel: 10-Minuten-Grundlagentraining Mathematik Klasse 5
© Auer Verlag

Strecken und Geraden 1

1. Ergänze die Lücken.

Füllwörter: *unendlich; einen Endpunkt; keinen Anfangs- und Endpunkt; bestimmte; messbar; einen Anfangspunkt*

Eine Strecke hat stets _____ und _____. Sie hat deshalb auch eine _____ Länge.

Eine Gerade hat _____ _____ lang und somit nicht _____.

Eine Gerade ist _____ .

2. Färbe alle Strecken grün und alle Geraden blau.

Strecken und Geraden 2

1. a) Zeichne die Gerade AE.

b) Zeichne Strecke $\overline{AB}$.

c) Zeichne die Strecke $\overline{CD}$.

d) Zeichne die Gerade BC.

e) Zeichne die Gerade BE.

Senkrechten

1. Färbe alle Senkrechten.

Parallelen

1. Färbe alle Parallelen.

Manuela Witzel: 10-Minuten-Grundlagentraining Mathematik Klasse 5
© Auer Verlag

Manuela Witzel: 10-Minuten-Grundlagentraining Mathematik Klasse 5
© Auer Verlag

Rechteck und Quadrat 1

1. Bestimme diejenigen Vierecke, die keine Rechtecke sind.
Begründe.

a)

b)

c)

d)

e)

Rechteck und Quadrat 2

1. Ergänze zu Rechteck oder Quadrat.

a)

b)

c)

d)

e)

f)

Kreis 1

1. Trage jeweils in die folgenden Kreise ein, wo sich der Mittelpunkt sowie der Radius und der Durchmesser befinden.

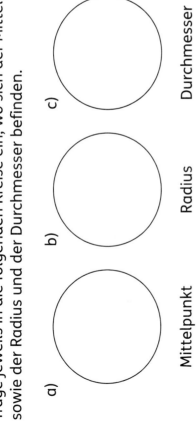

a) b) c)

Mittelpunkt   Radius   Durchmesser

2. Zeichne mit dem Zirkel einen Kreis mit den folgenden Angaben in dein Heft.

a) d = 4 cm

b) r = 3 cm

c) d = 6,5 cm

d) r = 2,5 cm

e) d = 55 mm

Kreis 2

1. Zeichne die Grafiken mit Zirkel und Lineal in dein Heft.

a)

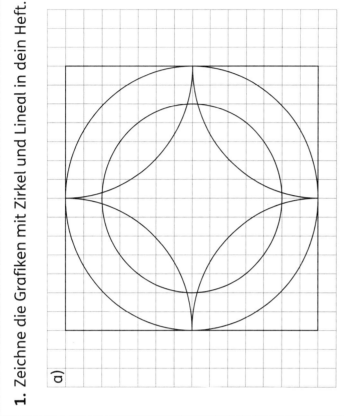

b)

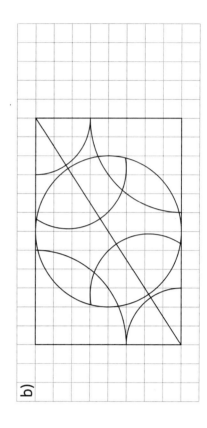

Manuela Witzel: 10-Minuten-Grundlagentraining Mathematik Klasse 5
© Auer Verlag

Manuela Witzel: 10-Minuten-Grundlagentraining Mathematik Klasse 5
© Auer Verlag

Symmetrie im Alltag 1

1. Welche Gegenstände sind symmetrisch? Zeichne jeweils die Spiegelachse ein.

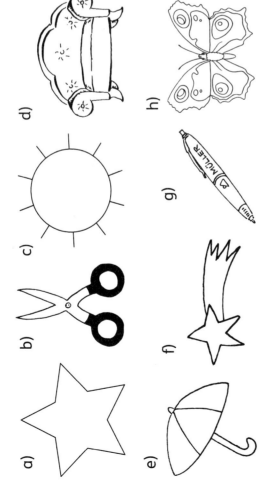

a)

b)

c)

d)

e)

f)

g)

h)

2. Gib die Buchstaben an, die eine Spiegelachse haben. Zeichne diese ein.

M E S T B
V N O P L I

Symmetrie im Alltag 2

1. Gib die Symbole an, die eine Spiegelachse haben. Zeichne diese ein.

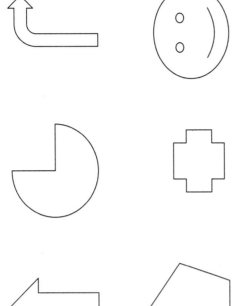

2. Bestimme die Wörter, die eine Spiegelachse haben. Zeichne diese ein.

OMA MAMA UHU
OTTO PAPA
EHE AXA

Spiegeln an der Spiegelachse 2

1. Ergänze zu symmetrischen Figuren an der Spiegelachse.

Spiegeln an der Spiegelachse 1

1. Ergänze zu symmetrischen Figuren an der Spiegelachse.

Manuela Witzel: 10-Minuten-Grundlagentraining Mathematik Klasse 5
© Auer Verlag

Manuela Witzel: 10-Minuten-Grundlagentraining Mathematik Klasse 5
© Auer Verlag

Name: _____ Datum: _____ Klasse: _____

Zwischentest – Geometrie

1. Ergänze die Lücken. [10]

Körper	Flächen	Ecken	Kanten
Würfel			
	6	1	
			2
		5	
		0	

2. Tom hat seine Mathehausaufgaben erledigt. Beim Durchschauen fallen seiner Mutter Fehler auf. Finde sie.

① ② ③

a) Beschreibe die Fehler, die Tom gemacht hat. [2]

b) Berichtige die Fehler. [4]

3. Zeichne das Schrägbild eines Würfels mit Kantenlänge 2,5 cm in dein Heft. [3]

4. Zeichne in dein Heft ...

a) ... eine Gerade f. [0,5]

b) ... eine Strecke $\overline{DE}$ mit Länge 4,5 cm. [1]

c) ... eine Strecke $\overline{AB}$ mit Länge 35 mm. [1]

5. Zeichne in dein Heft einen Kreis mit ... [2]

a) ... r = 3 cm.

b) ... d = 4,5 cm.

6. Schreibe drei Buchstaben auf, die man spiegeln kann, und zeichne ihre Spiegelachse/n ein. [1,5]

7. Schreibe drei Wörter auf, die mindestens eine Spiegelachse haben, und zeichne ihre Spiegelachse/n ein. [2]

8. Ergänze zur symmetrischen Figur an der Spiegelachse. [2]

9. Erfinde eine eigene symmetrische Figur und spiegele diese an der Spiegelachse. Zeichne diese in dein Heft. [3]

[32]

Längen schätzen und messen 1

1. Schätze die Länge des Körpers der folgenden Insekten. Miss dann die Längen. Gib die Längen in cm und mm an.

	Schätzung	Messung in cm	Messung in mm
Biene			
Spinne (Körper)			
Marienkäfer			
Maikäfer			

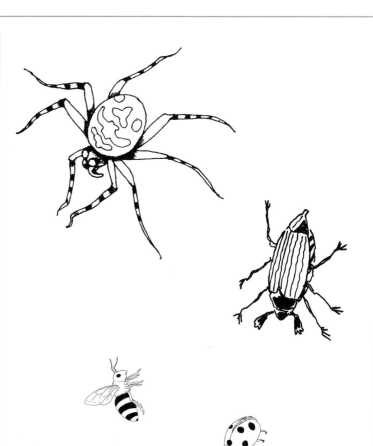

Längen schätzen und messen 2

1. Schätze zuerst die Streckenlängen. Miss dann genau nach. Gib die Längen in cm und mm an.

a) |—————————|

b) |—————|

c) |————|

d) |——————|

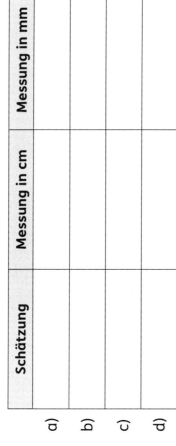

	Schätzung	Messung in cm	Messung in mm
a)			
b)			
c)			
d)			

Manuela Witzel: 10-Minuten-Grundlagentraining Mathematik Klasse 5
© Auer Verlag

Manuela Witzel: 10-Minuten-Grundlagentraining Mathematik Klasse 5
© Auer Verlag

Längen zeichnen

1. Zeichne folgende Streckenlängen.

a) 14 cm

b) 35 mm

c) 4 cm 8 mm

d) 1 dm 2 cm

e) 8 mm

f) 15 cm 4 mm

g) 4 ½ cm

Zweckmäßige Längenangaben

1. Ergänze im folgenden Text die passenden Einheiten.

Marlon und Lea gehen auf Entdeckungstour in ihrer Schule.

Leas Füller hat eine Länge von 13,6 _____ .

Der Schulhof ist 59,40 _____ breit.

Von der Schule bis zum Stadion müssen die Schüler immer

1,5 _____ laufen.

2. Gehe auch auf Entdeckungstour und formuliere vier eigene
Sätze.

Längen umwandeln

1. Schreibe in der angegebenen Einheit.

a) 7 cm = _____ mm

b) 9 dm = _____ cm

c) 3 m = _____ dm

d) 5 km = _____ m

e) 3 cm 4 mm = _____ mm

f) 8 m 4 dm = _____ dm

g) 12 km 136 m = _____ m

h) 8 km 9 m = _____ m

i) 19,4 cm = _____ mm

j) 25,8 dm = _____ m

k) 4,89 m = _____ cm

l) 21,57 m = _____ dm

m) 12,58 m = _____ dm

n) 456 dm = _____ m

 <u>Tipp:</u> Du kannst die Stellenwerttafel als Hilfe benutzen.

km			m			dm	cm	mm
H	Z	E	H	Z	E			

Längen runden

1. Runde auf die vorgegebenen Längenangaben.

a)	3 456 m	km
b)	8 923 m	km
c)	3 499 m	km
d)	75 cm	m
e)	654 cm	m
f)	4 351 cm	m
g)	4 718 mm	cm
h)	9 125 mm	cm
i)	4 718 mm	m
j)	9 125 mm	m
k)	457 m	km

 <u>Tipp:</u> Du kannst die Stellenwerttafel als Hilfe benutzen.

km			m			dm	cm	mm
H	Z	E	H	Z	E			

Manuela Witzel: 10-Minuten-Grundlagentraining Mathematik Klasse 5
© Auer Verlag

Manuela Witzel: 10-Minuten-Grundlagentraining Mathematik Klasse 5
© Auer Verlag

Grundrechenarten mit Längen

1. Berechne.

a) $2,95\,m + 1,83\,m$

b) $14,53\,dm - 2,78\,dm$

c) $3,95\,m + 86\,cm$

d) $78,34\,km - 345\,m$

e) $4,35\,m \cdot 8$

f) $17,56\,dm : 4$

 <u>Tipp:</u> Du darfst mit Längen erst dann rechnen, wenn sie dieselbe Einheit haben.

Längen umwandeln und runden

1. Wandle die Längenangaben so um, dass sinnvolle Angaben entstehen. Falls nötig, darfst du auch runden.

a)

 Ich laufe jeden Tag einen Schulweg von 234 512 cm.

b)

Mein Klassenraum hat eine Länge von 6543 mm.

c)

Mit meinem Auto muss ich jeden Morgen 123 571 dm fahren, um zu meiner Arbeit zu kommen.

 <u>Tipp:</u> Du kannst die Stellenwerttafel als Hilfe benutzen.

km			m			dm	cm	mm
H	Z	E	H	Z	E			

Sachaufgaben zu Längen 1

1. Michaela war zu Anfang des Jahres 1,23 m groß. Nach einem Jahr ist sie 1,34 m groß. Im zweiten Jahr ist sie nochmals 100 mm gewachsen.

a) Berechne ihren Längenzuwachs im ersten Jahr.

b) Bestimme ihre Körpergröße nach dem zweiten Jahr.

c) Ermittle den gesamten Längenzuwachs in den beiden Jahren.

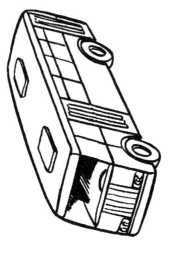

2. Ben und Lea haben einen Fußweg von 2,1 km zur Schule.

a) Mit einem Schritt legt Ben 0,50 m zurück. Berechne die Anzahl der Schritte, die er insgesamt für seinen Schulweg benötigt.

b) Lea hat eine Schrittlänge von 0,60 m. Bestimme ihre Anzahl der Schritte für den gesamten Schulweg.

Sachaufgaben zu Längen 2

1. Ein (Reise-)Bus legt folgende Strecken zurück: Am ersten Tag 427 km, am zweiten Tag 30 km weniger, am dritten Tag 314 km, am vierten Tag 12 km mehr als am zweiten Tag und am letzten Tag 251 km. Berechne die Länge der gesamten Strecke.

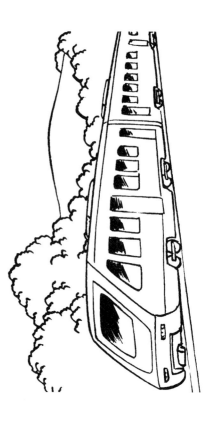

2. Ein Zug legt in einer Minute ungefähr eine Strecke von 1 510 m zurück. Berechne die Zeitdauer, die der Zug für eine Strecke von 84,56 km benötigt.

Manuela Witzel: 10-Minuten-Grundlagentraining Mathematik Klasse 5
© Auer Verlag

Maßstab 1

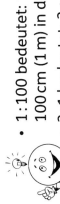

- 1:100 bedeutet: 1 cm in der Zeichnung entspricht 100 cm (1 m) in der Wirklichkeit.
- 2:1 bedeutet: 2 cm in der Zeichnung entspricht 1 cm in der Wirklichkeit.

1. Das Zimmer von Moritz wurde auf dem Bauplan 1:100 dargestellt.

a) Bestimme die tatsächlichen Maße des Zimmers.

b) Bestimme die Größe vom
- Bett,
- Schreibtisch,
- Schrank.

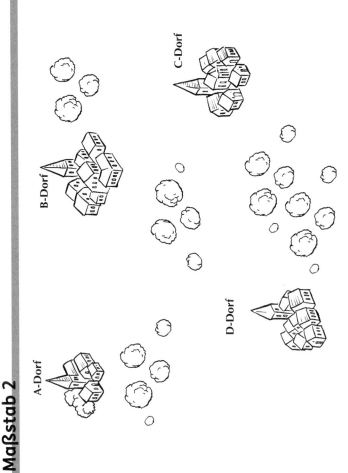

Maßstab 2

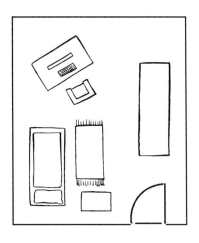

1. Diese Wanderkarte hat einen Maßstab von 1:50 000.

a) Ergänze die Lücken: 1:50 000 bedeutet: 1 _____ in der Zeichnung sind _____ cm, also _____ m in der Wirklichkeit.

b) Bestimme die folgenden Entfernungen (Luftlinie ≈ Kirchturmspitze zu Kirchturmspitze):

Entfernung	Karte	Wirklichkeit
A–Dorf – B–Dorf		
B–Dorf – C–Dorf		
C–Dorf – D–Dorf		
D–Dorf – A–Dorf		

Geldwerte umrechnen und runden

1. Schreibe in der angegebenen Einheit.

a) 5 € 43 ct = _____ ct

b) 567 ct = _____ €

c) 1998 ct = _____ €

d) 12,03 € = _____ ct

e) 405 ct = _____ € _____ ct

f) 100 ct = _____ €

g) 513 ct = _____ € _____ ct

2. Runde auf volle Euro.

a) 5,37 € = _____ €

b) 17,78 € = _____ €

c) 235,21 € = _____ €

d) 1 007,48 € = _____ €

e) 21 045,67 € = _____ €

f) 535,85 € = _____ €

Grundrechenarten mit Geld 1

 Es ist einfacher zu rechnen, wenn alle Angaben dieselbe Einheit besitzen!

1. Schreibe stellengerecht untereinander (Komma unter Komma) und rechne aus.

a) 35,77 € + 9,43 €

b) 46 € + 6,79 €

c) 789,25 € – 6,05 €

d) 79,56 € – 22 ct

e) 23,47 € – 5 €

f) 245,78 € + 455 ct – 17,22 €

Manuela Witzel: 10-Minuten-Grundlagentraining Mathematik Klasse 5
© Auer Verlag

Manuela Witzel: 10-Minuten-Grundlagentraining Mathematik Klasse 5
© Auer Verlag

Grundrechenarten mit Geld 2

Bei der Multiplikation und Division müssen alle Angaben dieselbe Einheit besitzen!

1. Berechne.

a) 5,45 € · 5

b) 12,65 € : 5

c) 5,60 € : 80 ct

d) 13,85 € · 7

e) 224,92 € : 4

f) 24,98 € · 9

Sachaufgaben zum Geld 1

1. Marie hat im Schreibwarenladen Schulmaterialien eingekauft.

a) Ergänze die Lücken im Kassenzettel.

b) Schreibe zwei verschieden Möglichkeiten auf, wie Marie das Rückgeld bekommen könnte.

Anzahl	Bezeichnung	Einzelpreis	Preis
2	Bleistitfe	0,54€	
1	Lineal		0,80€
7	Hefte	0,40€	
6	Hefter		3,72€
	Fineliner	0,65€	5,85€
		Summe	
		Gegeben	20,00€
		Rückgeld	

Sachaufgaben zum Geld 2

1. Marie kauft sich im Spielwarenladen zwei Brettspiele und ein Puzzle von ihrem gesparten Geld. An der Kasse soll sie 107,85 € bezahlen. Beim Bezahlen möchte sie so wenig Münzen und Scheine wie möglich nutzen. Gib an, wie Marie bezahlt.

2. Mila und Tom möchten einen Obstsalat herstellen. Hierfür haben sie sich einen Einkaufszettel geschrieben.

4 Kiwis
2 kg Weintrauben
1 kg Bananen
1 Netz Orangen

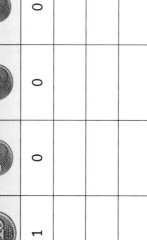  

a) Schätze den Betrag, den die beiden ungefähr bezahlen müssen. Führe eine Überschlagsrechnung durch.

0,39 € je Stück 2,98 € je kg 1,49 € je kg 1,48 € je Netz

b) Sie bezahlen im Supermarkt mit einem 20 € Schein. Berechne den Betrag, den sie zurückbekommen.

Sachaufgaben zum Geld 3

1. Moritz behauptet, dass man einen Preis von 10 ct auf neun verschiedene Weisen mit Münzen bezahlen kann. Jakob meint daraufhin, dass es sogar 11 verschiedene Möglichkeiten gibt.

Entscheide, ob Moritz oder Jakob Recht hat.

<u>Tipp:</u> Diese Tabelle kann dir helfen:

Anzahl				
	1			
		0	0	0
			0	0
				0

Manuela Witzel: 10-Minuten-Grundlagentraining Mathematik Klasse 5
© Auer Verlag

Zeiten im Alltag

1. Schätze und ordne zu: die Zeitspanne …

a) … eines Atemzuges.

b) … eines 100 m-Laufs.

c) … einer Schulstunde.

d) … eines Kinofilms.

e) … eines Liedes deiner Lieblingsband.

f) … eines Fluges zum Mond.

| 3 s; 15 s; 4 min; 45 min; 100 min; 3 Tage |

2. Finde geeignete Beispiele, wenn die Zeitspanne ungefähr …

a) … 1 Sekunde,

b) … 30 Sekunden,

c) … 2 Minuten,

d) … 15 Minuten,

e) … 2 Stunden,

f) … 1 Tag,

g) … 1 Woche beträgt.

Zeiten umrechnen 1

1. Schreibe in der Zeiteinheit, die in der Klammer steht.

a) 3 min (s)   = _____

b) 27 min (s)   = _____

c) 540 min (s)   = _____

d) 2 h (min)   = _____

e) 11 h (min)   = _____

f) 13 d (h)   = _____

g) 3 h (min)   = _____

h) 15 h (min)   = _____

i) 900 s (min)   = _____

j) 168 h (d)   = _____

Zeiten umrechnen 2

1. Wandle in die kleinere Einheit um.

a) 7 min 24 s = _____

b) 9 min 15 s = _____

c) 4 h 35 min = _____

d) 7 h 54 min = _____

e) 5 d 17 h = _____

f) 3 d 11 h = _____

2. Schreibe mit zwei Zeiteinheiten.

a) 183 s (min; s) = _____

b) 85 h (d; h) = _____

c) 3 125 s (min; s) = _____

d) 4 215 min (h; min) = _____

Zeitpunkt und Zeitdauer bestimmen

1. Bestimme die Uhrzeit. Notiere beide Möglichkeiten.

a)    b)   c)

d)    e)   f)

2. Zeichne die folgenden Uhrzeiten ein:

a) 9.00 Uhr   b) 10.15 Uhr   c) 0.20 Uhr   d) 1.05 Uhr

3. a) Der Film „Robin Hood" beginnt im Kino um 20.30 Uhr und endet um 22.47 Uhr. Berechne die Dauer des Films.

b) Bestimme die Zeitdauer:

	(1)	(2)	(3)	(4)	(5)
Beginn	7.35 Uhr	9.45 Uhr	11.23 Uhr	15.34 Uhr	22.30 Uhr
Ende	9.17 Uhr	10.35 Uhr	14.19 Uhr	19.47 Uhr	8.12 Uhr

Manuela Witzel: 10-Minuten-Grundlagentraining Mathematik Klasse 5
© Auer Verlag

Manuela Witzel: 10-Minuten-Grundlagentraining Mathematik Klasse 5
© Auer Verlag

Zeitdauer bestimmen 1

1. Nils steht um 6.30 Uhr auf. Um 7.10 Uhr fährt er mit dem Bus zur Schule. Dort kommt er nach 25 Minuten an. Sein Unterricht beginnt um 8.00 Uhr. Um 15.05 Uhr verlässt er die Schule mit dem Bus und fährt nach Hause. Jetzt ist es 15.30 Uhr.

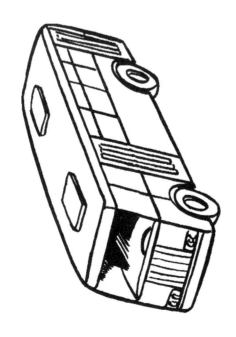

a) Erstelle eine Zeitübersicht mit den Zeitangaben, die im Text vorkommen.

b) Nils hat seine Hausaufgaben gemacht und möchte sich nun mit seinem Freund Toni verabreden. Es ist nun 16.10 Uhr. Bestimme die Zeitdauer, in der er schon wach ist. Erkläre, wie du vorgegangen bist, um dies zu berechnen.

c) Erstelle eine Zeitübersicht für deinen Tagesablauf.

Zeitdauer bestimmen 2

1. Daniel möchte mit dem Zug von Kassel nach Mannheim fahren.

a) Berechne ausschließlich die Fahrtzeit.

b) Finde drei passende Fragen und beantworte diese.

Bahnho/Haltestelle	Zeit	Gleis	Produkte
Kassel-Wilhelmshöhe	ab 07.00	2	IC 2271
Wabern (Bz Kassel)	ab 07.19	4	
Treysa	ab 07.36	1	
Stadtallendorf	ab 07.50	1	
Marburg (Lahn)	ab 08.04	4	
Gießen	ab 08.22	3	
Friedberg (Hess)	ab 08.42	2	
Frankfurt (Main) West	ab 09.05	5	
Frankfurt (Main) Hbf	**an 09.10**	13	
Umsteigezeit 19 min.			
Frankfurt (Main) Hbf	**ab 09.29**	18	ICE 128
Frankfurt (M) Flughafeb Fernbf	**an 09.40**	Fern 7	
Umsteigezeit 12 min.			
Frankfurt (M) Flughafeb Fernbf	**ab 09.52**	Fern 5	ICE 103
Mannheim Hbf	**an 10:23**	4	

Gewichte umwandeln 1

1. Schreibe in der angegebenen Einheit.

a) 85 kg = _____ g

b) 3 t = _____ kg

c) 6 kg = _____ g

d) 5 000 kg = _____ t

e) 7 000 g = _____ kg

f) 35 000 g = _____ kg

g) 22 000 kg = _____ t

2. Schreibe in der kleineren Gewichtseinheit.

a) 8 t 450 kg = _____

b) 2 kg 300 g = _____

c) 5 t 34 kg = _____

d) 25 kg 5 g = _____

e) 12 t 2 kg = _____

 Tipp: Du kannst die Stellenwerttafel als Hilfe benutzen.

t		kg			g		
Z	E	H	Z	E	H	Z	E

Gewichte schätzen

1. Gib jeweils die Maßeinheit für das Gewicht an.

2. Ordne die folgenden Gewichte richtig zu.

| 5 t |
| 80 kg |
| 400 kg |
| 4 kg |
| 80 g |
| 50 t |

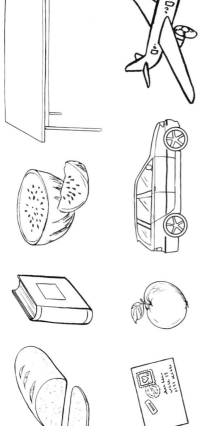

Manuela Witzel: 10-Minuten-Grundlagentraining Mathematik Klasse 5
© Auer Verlag

Gewichte umwandeln 2

1. Kontrolliere die Hausaufgaben von Isabell. Korrigiere, wenn nötig.

a)	3	k	g	2	0	g	= 3 2 0 g
b)	5	t	4	0	0	k	g	= 5 4 0 0 k g
c)	5	k	g	2	g	= 5 0 2 g
d)	9	k	g	4	5	8	g	= 9 4 5 8 g
e)	½	k	g	= 5 0 g

2. Schreibe die Gewichtsangaben ohne Komma.

a) 2,5 kg = _____

b) 3,2 t = _____

c) 78,3 kg = _____

d) 0,4 t = _____

e) 22,07 t = _____

3. Schreibe die Gewichtsangaben mit Komma.

a) 4 500 g = _____

b) 1 403 kg = _____

c) 25 003 kg = _____

d) 1 075 g = _____

<u>Tipp:</u> Du kannst die Stellenwerttafel als Hilfe benutzen.

t			kg			g		
H	Z	E	H	Z	E	H	Z	E

Gewichte runden

1. Runde auf die vollen, vorgegebenen Gewichtsangaben.

a)	3 278 kg	t
b)	12 501 kg	t
c)	564 g	kg
d)	4 502 g	kg
e)	356 g	kg
f)	4,6 t	t
g)	35,2 kg	kg
h)	654 g	kg

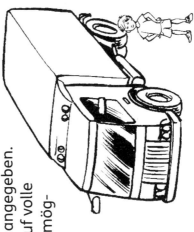

2. Die Ladung eines Lkw ist mit 4 t angegeben. Das Gewicht wurde allerdings auf volle Tonnen gerundet. Schreibe drei mögliche Gewichtsangaben auf.

3. Berechne das fehlende Gewicht in Gramm bis zum nächsten vollen Kilogramm.

a) 4,3 kg

b) 6,850 kg

c) 2,5 kg

d) 3,125 kg

Grundrechenarten mit Gewichten 1

Es ist einfacher zu rechnen, wenn alle Angaben dieselbe Einheit besitzen.

1. Berechne.

a) 4,4 kg + 2,8 kg

b) 1,9 kg + 0,8 kg

c) 18,5 kg – 4,9 kg

d) 2,378 kg – 0,986 kg

e) 47 kg – 650 g

f) 3,57 t + 35 kg

2. Ergänze die Lücken.

a) 256 g + _____ g = 650 g

b) 74 kg + _____ kg = 345 kg

c) 3 564 g + _____ g = 5 kg

d) 4,05 kg + _____ kg = 9 kg

e) 3,8 t + _____ kg = 4,5 t

f) 7 823 kg + _____ t = 8 t

g) 1 088 g + _____ kg = 2 kg

Grundrechenarten mit Gewichten 2

Es ist einfacher zu rechnen, wenn alle Angaben dieselbe Einheit besitzen.

1. Berechne.

a) 2,6 kg + 500 g

b) 4,57 kg + 0,8 kg

c) 3,280 kg – 650 g

d) 0,974 t – 35 kg

e) 8 t + 4 kg

2. Berechne.

a) 12,6 kg : 7

b) 2,4 kg · 5

c) 6,4 t · 5

d) 50,4 t : 9

Manuela Witzel: 10-Minuten-Grundlagentraining Mathematik Klasse 5
© Auer Verlag

Manuela Witzel: 10-Minuten-Grundlagentraining Mathematik Klasse 3
© Auer Verlag

Sachaufgaben zu Gewichten 1

1. Bei seiner Geburt wog Mika 2,8 kg. Zwei Jahre später hatte er ein Gewicht von 12,4 kg. Berechne die Zunahme seines Gewichtes.

2. Ein Zoo hat fünf Tiger. Pro Tag erhält jeder ausgewachsene Tiger 6,4 kg Fleisch.

a) Berechne das Gewicht des Futters in kg pro Tag für alle fünf Tiger zusammen.

b) Ermittle das Gewicht in kg für einen ganzen Monat (30 Tage / 31 Tage).

c) Bestimme das Gewicht für ein ganzes Jahr.

Sachaufgaben zu Gewichten 2

1. Stella und Marie möchten für den Grillabend einen Nudelsalat zubereiten.

Rezept für 4 Personen:

250 g Nudeln

200 g Käse

200 g gekochter Schinken

4 Gewürzgurken (insgesamt 60 g)

1 Becher Schmand (250 g)

2 EL Gurkenflüssigkeit (insgesamt 20 g)

1 EL Essig (insgesamt 15 g)

3 EL Öl (insgesamt 30 g)

Paprikapulver, Salz, Pfeffer, Zucker (insgesamt 10 g)

a) Berechne das Gewicht des Salates. Gib das Gewicht in kg und g an.

b) Schreibe das Rezept für 12 Personen auf. Ermittle erneut das Gewicht des Salates.

Zerlegen und Vergleichen von Flächen 1

1. Familie Meier hat die Kinderzimmer neu renoviert. Nun gibt es Streit, wer das größere Zimmer hat.

Moritz sagt: „Leni hat es gut, sie hat am meisten Platz in ihrem Zimmer." Prüfe die Aussage und begründe.

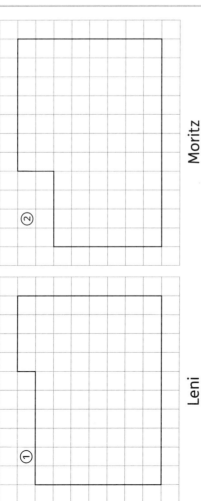

Leni

Moritz

2. Bestimme die drei Flächeninhalte und gib die Fläche mit dem größten Inhalt an.

Bestimme die Anzahl der Einheitsquadrate jeder Fläche.

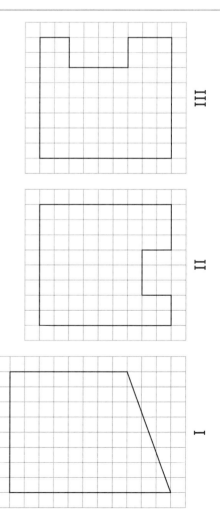

I

II

III

Zerlegen und Vergleichen von Flächen 2

1. a) Zeichne die Figuren in dein Heft.

b) Bestimme die Flächeninhalte der einzelnen Figuren. Erkläre dein Vorgehen.

c) Zeichne eine weitere Figur, die den gleichen Flächeninhalt wie Figur II hat.

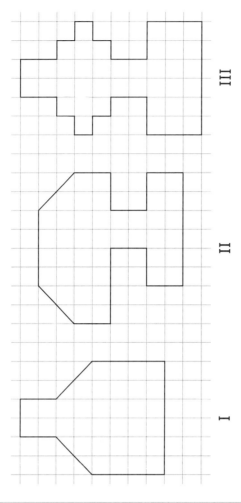

I

II

III

2. Zeichne jeweils zwei verschiedene Flächen mit folgender Anzahl an Einheitsquadraten (5, 7 und 10) in dein Heft.

Manuela Witzel: 10-Minuten-Grundlagentraining Mathematik Klasse 5
© Auer Verlag

Manuela Witzel: 10-Minuten-Grundlagentraining Mathematik Klasse 5
© Auer Verlag

Flächeninhalt und Umfang des Rechtecks

1. Fülle die Lücken. (a = Länge, b = Breite)

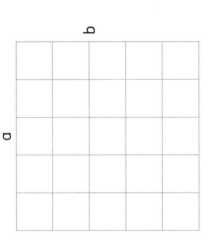

a
b

Flächeninhalt	
Länge: _____ cm	
Breite: _____ cm	
Flächeninhalt: _____ cm · _____ cm = _____ cm²	
Umfang	
Länge: _____ cm	
Breite: _____ cm	
Umfang: 2 · _____ cm + 2 · _____ cm = _____ cm	

2. Formuliere einen Merksatz ...

a) ... zur Berechnung des Flächeninhalts vom Rechteck.

b) ... zur Berechnung des Umfangs vom Rechteck.

Flächeninhalt und Umfang des Quadrats

1. Fülle die Lücken. (a = Länge, b = Breite)

a
b

Flächeninhalt	
Länge: _____ cm	
Breite: _____ cm	
Flächeninhalt: _____ cm · _____ cm = _____ cm²	
Umfang	
Länge: _____ cm	
Breite: _____ cm	
Umfang: 4 · _____ cm = _____ cm	

2. Formuliere einen Merksatz ...

a) ... zur Berechnung des Flächeninhalts vom Quadrat.

b) ... zur Berechnung des Umfangs vom Quadrat.

Umfang und Flächeninhalt von Rechteck und Quadrat

1. Zeichne ein Rechteck mit den folgenden Größen:

Länge: 5 cm   Breite: 3 cm

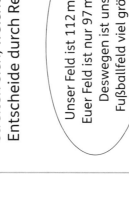

a) Berechne den Flächeninhalt.

b) Bestimme den Umfang.

2. Zeichne ein Quadrat mit der Seitenlänge 3 cm.

a) Bestimme den Flächeninhalt.

b) Bestimme den Umfang.

Sachaufgaben zum Flächeninhalt

1. Markus hilft seinem Vater beim Schnee schippen.
Die Garageneinfahrt hat eine Länge von 6 m und eine Breite von 4,50 m. Berechne den Inhalt der rechteckigen Fläche, die sie frei schippen müssen. Fertige eine Skizze an.

2. Die beiden Freunde Andy und Nina spielen in ihrer Freizeit Fußball in zwei unterschiedlichen Vereinen. Die Fußballfelder der beiden Vereine haben unterschiedliche Größen. Andy und Nina streiten sich, welcher Verein das größere Feld hat.
Entscheide durch Rechnung, ob Andy oder Nina Recht hat.

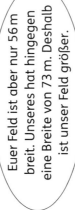

Euer Feld ist aber nur 56 m breit. Unseres hat hingegen eine Breite von 73 m. Deshalb ist unser Feld größer.

Unser Feld ist 112 m lang. Euer Feld ist nur 97 m lang. Deswegen ist unser Fußballfeld viel größer.

Manuela Witzel: 10-Minuten-Grundlagentraining Mathematik Klasse 5
© Auer Verlag

Manuela Witzel: 10-Minuten-Grundlagentraining Mathematik Klasse 5
© Auer Verlag

Sachaufgaben zum Umfang

1. Im Zoo sollen die Kaninchen ein neues rechteckiges Gehege bekommen. Es soll 7 m breit und 8 m lang werden. Tierpfleger Boris möchte in den Baumarkt fahren und den Draht hierfür besorgen.

a) Fertige eine Skizze an.

b) Berechne die Gesamtlänge des Drahtes.

2. Bauer Gurke möchte seine Weide neu einzäunen. Die Weidefläche ist quadratisch und eine Seite hat die Länge von 9 m. Das Tor muss nicht neu gemacht werden. Es hat eine Breite von 2,50 m.

a) Fertige eine Skizze an.

b) Berechne die Gesamtlänge des Zaunes.

Sachaufgaben zu Flächeninhalt und Umfang

1. Marie möchte im Handwerkunterricht eine neue Tischdecke für ihre Mutter nähen. Der Tisch ist 2 m lang und 1 m breit. Auf jeder Seite soll die Tischdecke 20 cm überhängen.

a) Fertige eine Skizze an.

b) Berechne die Größe des Stoffes.

2. a) Der Hof von Familie Braun soll gepflastert werden. Berechne die Größe der Fläche, die mit Pflaster ausgelegt wird.

b) Am Rande des Hofes sollen Randsteine gesetzt werden. Bestimme die Gesamtlänge der Umrandung.

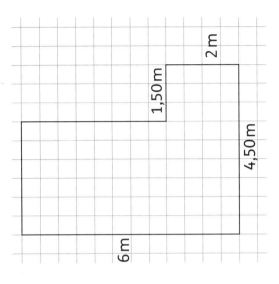

6 m

4,50 m

1,50 m

2 m

Volumen / Rauminhalt bestimmen

1. Der Rauminhalt wird auch als Volumen bezeichnet.
2. Die Kantenlänge der kleinen Würfel beträgt 1 cm; man nennt sie auch Einheitswürfel.

1. Bestimme die Anzahl der Würfel, aus denen die Körper bestehen. Gib dieses Volumen an.

 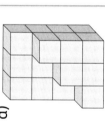 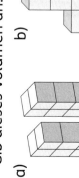 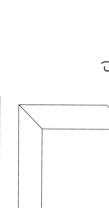

a)

b)

c)

d)

a) _____ Würfel, Volumen: _____

b) _____ Würfel, Volumen: _____

c) _____ Würfel, Volumen: _____

d) _____ Würfel, Volumen: _____

2. Gib das Volumen der Würfel an. Ergänze die Körper zu einem Quader. Bestimme die Anzahl der Würfel, die du hinzugefügt hast.

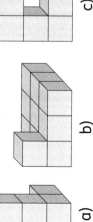  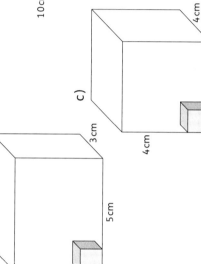  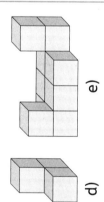

a)

b)

c)

d)

e)

Volumen / Rauminhalt berechnen

Der Rauminhalt wird auch als Volumen bezeichnet.

1. Bestimme die Anzahl der Einheitswürfel (Würfel mit der Seitenlänge 1 cm), die hineinpassen. Berechne das Volumen der Schachteln.

  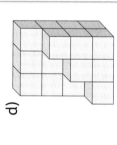 

a) 5 cm, 6 cm, 4 cm

b) 4 cm, 5 cm, 3 cm

c) 4 cm, 4 cm, 4 cm

d) 10 cm, 7 cm, 2 cm

a) Anzahl Einheitswürfel: _____

Volumen: _____

b) Anzahl Einheitswürfel: _____

Volumen: _____

c) Anzahl Einheitswürfel: _____

Volumen: _____

d) Anzahl Einheitswürfel: _____

Volumen: _____

Manuela Witzel: 10-Minuten-Grundlagentraining Mathematik Klasse 5
© Auer Verlag

Volumeneinheiten Liter und Milliliter

 1 l (Liter) = 1 000 ml (Milliliter)

1. Schreibe in der angegebenen Einheit.

a) 3 l = _____ ml

b) 4,5 l = _____ ml

c) 6 000 ml = _____ l

d) 1 200 ml = _____ l

e) 5,2 l = _____ ml

2. Schreibe in gemischter Schreibweise.

a) 5 600 ml = _____ l _____ ml

b) 7,8 l = _____ l _____ ml

c) 9,450 l = _____ (l; ml)

d) 19 078 ml = _____ (l; ml)

e) 3,86 l = _____ l _____ ml

3. Berechne.

a) 2 l + 350 ml

b) 24 l + 1 400 ml

c) 1 500 ml – 0,7 l

d) 35 l – 4 370 ml

 Es ist einfacher zu rechnen, wenn alle Angaben dieselbe Einheit besitzen.

Volumen / Rauminhalt von Quader und Würfel

 Der Rauminhalt wird auch als Volumen bezeichnet.

1. Fülle die Lücken. (1 Einheitswürfel = 1 cm · 1 cm · 1 cm)

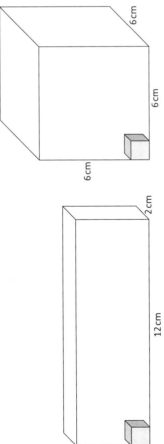

12 cm

4 cm

2 cm

6 cm

6 cm

6 cm

Volumen Quader

Länge: _____ cm

Breite: _____ cm

Höhe: _____ cm

Volumen: _____ cm · _____ cm · _____ cm = _____ cm³

Volumen Würfel

Länge: _____ cm

Breite: _____ cm

Höhe: _____ cm

Volumen: _____ cm · _____ cm · _____ cm = _____ cm³

2. Formuliere einen Merksatz ...

a) ... zur Berechnung des Volumens vom Quader.

b) ... zur Berechnung des Volumens vom Würfel.

Name: _____ Datum: _____ Klasse: _____

Zwischentest – Größen und Messen

1. Schreibe in der angegebenen Einheit. **7**

a) 3 dm = _____ cm

b) 6,4 cm = _____ mm

c) 3 500 kg = _____ t

d) 3,58 € = _____ ct

e) 3,05 m = _____ cm

f) 8 km = _____ m

g) 4 kg = _____ g

h) 67 004 kg = _____ t

i) 3 min = _____ s

j) 4 567 ct = _____ €

k) 3,5 h = _____ min

l) 489 dm = _____ m

m) 236 789 mm = _____ m

n) 144 h = _____ d

2. Ergänze die Lücken. **3,5**

a) 5 km + 1 500 _____ = 6,5 km

b) 600 _____ + 400 _____ = 1 t

c) 3 _____ + 30 min = 210 min

d) 0,85 _____ – 170 g = 680 g

e) 980 _____ + 2 _____ = 1 m

3. Zum Basteln soll eine 2,56 m lange Holzleiste in 16 cm lange Stücke gesägt werden. Berechne die Anzahl der Stücke. **1,5**

4. Anne hat für ihre beiden Pferde 80 kg Kraftfutter gekauft. Pro Tag erhält jedes Pferd 1 250 g. Berechne die Dauer, für die das Kraftfutter ausreicht. **3**

5. Gib an, wie viele Einheitswürfel hineinpassen. **2**

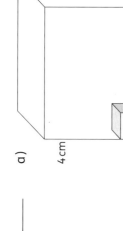

a)

a) Anzahl Einheitswürfel: _____

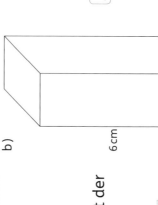

b)

b) Anzahl Einheitswürfel: _____ **2**

6. Bestimme den Flächeninhalt der Figur in Einheitsquadraten. Zeichne ein. **19**

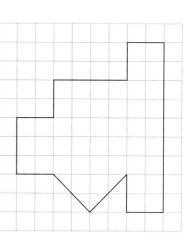

Manuela Witzel: 10-Minuten-Grundlagentraining Mathematik Klasse 5
© Auer Verlag

Lösungen

Eingangs- und Abschlusstest: Zahlen und Grundrechenarten Seite 10

1. a) 345 < 564 < 789 < 956 < 1078 < 1245 < 1405 < 3077

   b) 76 < 87; 645 < 654; 423 > 323; 1214 < 1412

2. a) 71 72 73

   b) 50 55 60

   c) 600 645 700

3. a) Siehe Stellenwerttafel rechts:

   b) Die Zahl heißt: **4 256**.   Die Zahl heißt: **69 431**.

a)

	HT	ZT	T	H	Z	E
				7	1	5
			1	0	3	5
	4	1	0	9	1	4
		4	2	0	1	5
b)			4	2	5	6
		6	9	4	3	1

4.

120		204		272			388		480

108   160   244   352   456

100 140 180 220 260 300 340 380 420 460

5. a) 735   b) 5 353

6. a) 2 333   b) 4 849

7. a) 912   b) 19 888

8. a) 31 021   b) 3 459

9.

	Rosenweg	Bahnhofsstraße	Nordanlage	Südanlage	Gesamt
1. Woche	2 138 €	3 569 €	3 333 €	7 891 €	16 931 €
2. Woche	3 029 €	4 810 €	3 166 €	4 513 €	15 518 €
3. Woche	2 009 €	1 120 €	1 479 €	1 514 €	6 122 €
4. Woche	2 879 €	2 091 €	4 399 €	1 035 €	10 404 €
Gesamt	10 055 €	11 590 €	12 377 €	14 953 €	48 975 €

a) 1. Woche: **16 931 €**   2. Woche: **15 518 €**   3. Woche: **6 122 €**   4. Woche: **10 404 €**

b) Die wenigsten Einnahmen: **Rosenweg; 10 055 €**   Die höchsten Einnahmen: **Südanlage; 14 953 €**

c) Die Einnahmen betragen insgesamt 48 975 €.

10. a) 16 · 4 = 64   16 Schweine haben insgesamt 64 Beine.

    b) 116 : 4 = 29   29 Löwen haben insgesamt 116 Beine.

Eingangs- und Abschlusstest: Geometrie Seite 11

11.

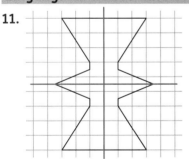

12. a) **Kreis**   b) **Quadrat**   c) **Dreieck**   d) **Rechteck**

13.

Name	Quader	Kugel	Würfel	Pyramide	Kegel	Zylinder
Flächen	6	1	6	5	2	3
Ecken	8	0	8	5	1	0
Kanten	12	0	12	8	1	2

Eingangs- und Abschlusstest: Größen und Messen Seite 11

14. a) **600 cm**   b) **250 mm**   c) **6 100 m**   d) **500 ct**   e) **613 ct**   f) **2 500 g**   g) **8,542 kg**   h) **4 t**

15. a) 5 cm ⊢――――――――――――⊣   b) 38 mm ⊢――⊣

    c) 9,5 cm ⊢――――――――――――――――⊣

16. (1) **km**   (2) **l**   (3) **€**   (4) **l**   (5) **g**   (6) **l**   (7) **g**   (8) **t**   (9) **m**   (10) **cent**

Stellenwerttafel 1

Seite 16

1.

	HT	ZT	T	H	Z	E
a)				3	1	2
b)			2	3	4	5
c)		3	4	2	0	0
d)			9	8	2	1
e)		5	6	1	3	2
f)	6	4	3	5	0	0
g)	7	8	9	5	6	7

2. a) dreihundertzwölf
   b) zweitausenddreihundertfünfundvierzig
   c) vierunddreißigtausendzweihundert
   d) neuntausendachthunderteinundzwanzig
   e) sechsundfünfzigtausendeinhundertzweiunddreißig
   f) sechshundertdreiundvierzigtausendfünfhundert
   g) siebenhundertneunundachtzigtausendfünfhundertsiebenundsechzig

Stellenwerttafel 2

Seite 16

1.

	HT	ZT	T	H	Z	E
a)		2	7	3	0	5
b)			8	7	1	3
c)	4	0	4	0	6	0
d)	5	0	5	7	0	4
e)			6	7	0	2
f)			5	4	8	5
g)		1	9	2	1	0
h)	1	9	5	4	7	5

2. a) siebenundzwanzigtausenddreihundertfünf
   b) achttausendsiebenhundertdreizehn
   c) vierhundertviertausendsechzig
   d) fünfhundertfünftausendsiebenhundertvier
   e) sechstausendsiebenhundertzwei

Zahlen ordnen 1

Seite 17

1. a) 35 341 > 35 276   b) 265 345 < 265 346   c) 4 573 < 4 578   d) 21 764 < 192 341

2. 607 < 612 < 4 378 < 5 601 < 8 457 < 23 156 < 34 578 < 963 421

3. a) 1. 1991 – 317 395   2. 1990 – 299 255   3. 1989 – 260 134
      4. 1988 – 251 554   5. 1995 – 230 432   6. 1997 – 227 562
      7. 1996 – 221 356   8. 1992 – 220 084   9. 1993 – 213 885
     10. 1998 – 213 249   11. 1994 – 200 553   12. 1987 – 146 791
   b) Die meisten Besucher wurden im Jahr 1991 empfangen.
   c) Die vier am schlechtesten besuchten Jahre waren: 1993, 1998, 1994 und 1987.

Zahlen ordnen 2

Seite 17

1. 879 830 > 87 981 > 7 859 > 4 579 > 3 457 > 1 243 > 1 234 > 785 > 234

2. a) 6 954 321   b) 1 243 569   c) 5 124 369

Vorgänger und Nachfolger 1

Seite 18

1.

Vorgänger	451	2 562	12 783	590 209	45 199
Zahl	452	2 563	12 784	590 210	45 200
Nachfolger	453	2 564	12 785	590 211	45 201

2.

Nachbarzehner	360	24 530	3 510	145 890	50
Zahl	361	24 531	3 519	145 895	57
Nachbarzehner	370	24 540	3 520	145 900	60

3. 523 457 – 523 411 = 46   45 Personen haben noch zwischendurch eine Eintrittskarte gekauft.

Manuela Witzel: 10-Minuten-Grundlagentraining Mathematik Klasse 5
© Auer Verlag

Vorgänger und Nachfolger 2 Seite 18

1.

Nachbarhunderter	2 300	45 700	0	456 200	500
Zahl	2 345	45 791	23	456 231	562
Nachbarhunderter	2 400	45 800	100	456 300	600

2. a) Der vorherige Besucher hatte die Nummer 650 398.
   b) 650 400 ist der nächste Besucher.
   c) Es können höchstens 999 999 Besucher erfasst werden.
   d) Der Zähler müsste links noch eine weitere Stelle haben.

Zahlenstrahl 1 Seite 19

1. a) A: 150; B: 270; C: 430; D: 650; E: 720; F: 990

   b) A: 9 000; B: 22 000; C: 35 000; D: 42 000; E: 73 000; F: 81 000; G: 96 000; H: 102 000

2.

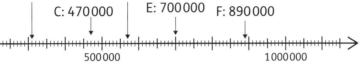

Zahlenstrahl 2 Seite 19

1. a)

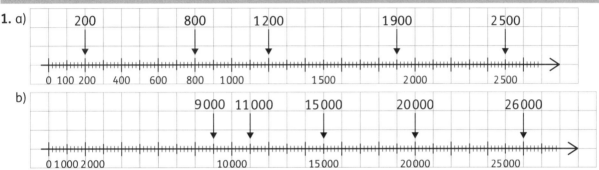

b)

2. a) 5 000   b) 75 000

Addieren und Subtrahieren im Kopf 1 Seite 20

1. a) 99   b) 112   c) 350   d) 529   e) 33   f) 221   g) 379   h) 241

2. Folgende Summen sind größer als 300 und kleiner als 500:
   170 + 195 = 365   170 + 305 = 475   85 + 305 = 390   85 + 400 = 485   305 + 90 = 395   400 + 90 = 490

Addieren und Subtrahieren im Kopf 2 Seite 20

1. a) 73 + 12 = 85   b) 41 + 28 = 69   c) 54 + **109** = 163   d) 98 + 120 = **218**

2.

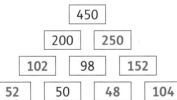

Addieren und Subtrahieren im Kopf 3 Seite 21

1. a) 107   b) 125   c) 98   d) 101   e) 165   f) 143   g) 120   h) 2 665

Addieren und Subtrahieren im Kopf 4 Seite 21

1. 550 + 450 = 1 000   880 + 120 = 1 000   995 + 5 = 1 000   370 + 630 = 1 000   415 + 585 = 1 000

Halbschriftliche Addition 1 Seite 22

1. a) 281   b) 283   c) 442   d) 564   e) 699   f) 616   g) 852   h) 994
2. Individuelle Lösungen

Halbschriftliche Addition 2 Seite 22

1. a) 719   b) 1 999   c) 3 734   d) 8 041   e) 5 412   f) 3 212   g) 8 448   h) 783   i) 2 571

Halbschriftliche Subtraktion 1 Seite 23

1. a) 215   b) 607   c) 451   d) 239   e) 473   f) 572   g) 675
2. Individuelle Lösungen

Halbschriftliche Subtraktion 2
Seite 23

1. a) 446   b) 253   c) 1 772   d) 2 665   e) 5 382   f) 6 816   g) 678

Addition und Subtraktion 1
Seite 24

1. a) 605 + 516 = 1 121   b) 605 − 34 = 571   c) 34 + 95 = 129   d) 516 − 489 = 27

Addition und Subtraktion 2
Seite 24

1. a) 516 + 489 = 1 005;   b) 516 − 489 = 27;   c) 605 + 34 = 639   d) 605 − 489 = 116;
605 + 489 = 1 094;   257 − 183 = 74   516 + 95 = 611   257 − 95 = 162;
605 + 516 = 1 121   183 − 95 = 88;   183 − 34 = 149
                       95 − 34 = 61

Überschlag 1
Seite 25

1. Möglicher Überschlag: 50 000 + 2 000 = 52 000   54 321 + 2 345 = 56 666
Möglicher Überschlag: 90 000 + 3 000 = 93 000   87 231 + 3 342 = 90 555
Möglicher Überschlag: 30 000 + 8 000 = 38 000   32 152 + 8 043 = 40 195
Möglicher Überschlag: 10 000 + 4 000 = 14 000   12 234 + 3 541 = 15 775

Überschlag 2
Seite 25

1. Möglicher Überschlag: 30 000 − 600 = 29 400   32 123 − 567 = 31 556
Möglicher Überschlag: 60 000 − 8 000 = 52 000   56 731 − 8 305 = 48 426
Möglicher Überschlag: 70 000 − 2 000 = 68 000   71 345 − 2 367 = 68 978
Möglicher Überschlag: 15 000 − 5 000 = 10 000   15 670 − 5 001 = 10 669

Schriftliche Addition 1
Seite 26

1. a) Überschlag: 1 200 + 4 600 = 5 800   1 247 + 4 569 = 5 816
b) Überschlag: 300 + 1 500 = 1 800   293 + 1 478 = 1 771
c) Überschlag: 300 + 8 000 = 8 300   256 + 7 567 = 7 823
d) Überschlag: 5 000 + 500 = 5 500   5 034 + 543 = 5 577
e) Überschlag: 100 + 8 800 = 8 900   145 + 8 765 = 8 910
f) Überschlag: 9 000 + 300 = 9 300   8 976 + 287 = 9 263
g) Überschlag: 1 600 + 1 000 = 2 600   1 603 + 978 = 2 581

Schriftliche Addition 2
Seite 26

1. a) Überschlag: 300 + 3 500 = 3 800   287 + 3 541 = 3 828
b) Überschlag: 4 800 + 5 700 = 10 500   4 781 + 5 678 = 10 459
c) Überschlag: 51 000 + 7 000 = 58 000   51 203 + 6 753 = 57 956
d) Überschlag: 2 000 + 9 000 = 11 000   2 004 + 8 968 = 10 972
e) Überschlag: 11 000 + 800 + 100 = 20 000   11 321 + 784 + 113 = 12 218
f) Überschlag: 4 500 + 30 + 8 000 = 12 530   4 532 + 34 + 7 654 = 12 220

Schriftliche Subtraktion 1
Seite 27

1. a) Überschlag: 3 250 − 130 = 3 120   3 249 − 134 = 3 115
b) Überschlag: 4 500 − 1 800 = 2 700   4 578 − 1 789 = 2 789
c) Überschlag: 7 000 − 2 200 = 4 800   6 987 − 2 198 = 4 789
d) Überschlag: 16 000 − 8 000 = 8 000   15 746 − 8 291 = 7 455
e) Überschlag: 21 000 − 600 − 100 = 20 300   21 321 − 567 − 135 = 20 619

Schriftliche Subtraktion 2
Seite 27

1. a) Überschlag: 2 200 − 300 = 1 900   2 231 − 345 = 1 886
b) Überschlag: 34 500 − 5 500 = 29 000   34 567 − 5 478 = 29 089
c) Überschlag: 45 500 − 7 000 = 38 500   45 562 − 6 712 = 38 850
d) Überschlag: 76 500 − 1 000 − 200 = 75 300   76 522 − 897 − 234 = 75 391
e) Überschlag: 190 000 − 35 000 = 155 000   189 567 − 34 765 = 154 802

Schriftliche Addition und Subtraktion 1
Seite 28

1. a) 654   b) 1 789   c) 15 678

2. a) 1 578   b) 3 278   c) 19 345

Schriftliche Addition und Subtraktion 2
Seite 28

1. a)   4 357   b)   7 832   c)   4 121   d)   971 233   e)   56 912
+ 5 642   + 3 211   − 1 342   − 342 122   + 21 981
9 999   11 043   2 779   629 111   78 893

Manuela Witzel: 10-Minuten-Grundlagentraining Mathematik Klasse 5

Schriftliche Addition und Subtraktion 3

1. a) 56 342 + 24 635 = 80 977   56 342 – 24 635 = 31 707   b1) 65 432 + 65 432 = 130 864

   b2) Verschiedene Möglichkeiten; Beispiel:
   Additionsaufgabe: letzte Ziffer der jeweils gebildeten Zahl 6 und 5
   Subtraktionsaufgabe: letzte Ziffer der jeweils gebildeten Zahl 6 und 5; 5 und 4; 4 und 3, 3 und 2
   b3) Verschiedene Möglichkeiten (nur Additionsaufgaben); Beispiel: 65 432 + 53 246 = 118 678

Schriftliche Addition und Subtraktion 4
Seite 29

1. a) Verschiedene Möglichkeiten (nur Subtraktionsaufgaben); Beispiel: 24 635 – 23 465 = 1 170
   b) Verschiedene Möglichkeiten; Beispiel: 52 364 – 26 453 = 25 911
   c) Verschiedene Möglichkeiten (nur Subtraktionsaufgaben); Beispiel: 56 342 – 56 234 = 108

Sachaufgaben zur Addition und Subtraktion 1
Seite 30

1. a) Peter   Jonas   Keno

   $745 + 389 = 1134$ $745 + 389 = 1134$ $745 + 389 = 1134$
   $745 + 300 = 1045$ $745 + 400 = 1145$ $745 + 300 = 1045$
   $1045 + \ 89 = 1134$ $1145 - \ 11 = 1134$ $1045 + \ 50 = 1095$
   $1095 + \ 39 = 1134$

   b) Individuelle Lösung

Sachaufgaben zur Addition und Subtraktion 2
Seite 30

1. Das Hotel hatte im Vorjahr 27 387 Gäste.

2. Der Vater ist 40 Jahre alt.

3. Es leben 845 Tiere auf dem Hof.

Sachaufgaben zur Addition und Subtraktion 3
Seite 31

1. Die Familie muss noch 84 278 € aufnehmen.

2. Dies ist sinnlos, da Melissa nicht alle 5 Runden gleich schnell laufen kann.

Sachaufgaben zur Addition und Subtraktion 4
Seite 31

1. Beispiel: Wie viel km sind Martin, Kim, Mika und Daphne jeweils gefahren?
   Martin: 145 km   Kim: 225 km   Mika: 333 km   Daphne: 115 km
   Wie viel Kilometer sind Martin und Kim insgesamt gefahren?   Sie sind zusammen 370 km gefahren.
   Wie viel Kilometer ist Mika mehr als Daphne gefahren?   Mika ist 218 km mehr gefahren.

Multiplizieren und Dividieren im Kopf 1
Seite 32

1. a) 50   b) 770   c) 8 500   d) 320   e) 600   f) 2 500   g) 4 290   h) 1 200
   i) 891 000   j) 23 000   k) 600 000

2. a) 8   b) 90   c) 870   d) 12   e) 346   f) 9 101   g) 45   h) 789   i) 67

Multiplizieren und Dividieren im Kopf 2
Seite 32

1. a) $12 \cdot 100 = 1200$ b) $4500 : 100 = 45$ c) $9 \cdot 6 = 54$ d) $63 \cdot 100 = 6300$

2. a) $5 \cdot 8 = 40$ b) $7 \cdot 9 = 63$ c) $10 \cdot 5 = 50$ d) $4 \cdot 3 = 12$ e) $5 \cdot 6 = 30$ f) $2 \cdot 9 = 18$
   g) $3 \cdot 7 = 21$ h) $8 \cdot 6 = 48$ i) $35 : 7 = 5$ j) $64 : 8 = 8$ k) $27 : 3 = 9$ l) $20 : 2 = 10$
   m) $10 : 5 = 2$ n) $54 : 6 = 9$ o) $28 : 4 = 7$ p) $9 \cdot 9 = 81$

Halbschriftliche Multiplikation
Seite 33

1. a) 425   b) 408   c) 2 925   d) 792   e) 1 872   f) 1 634   g) 1 292

Halbschriftliche Division
Seite 33

1. a) 41   b) 113   c) 209   d) 126   e) 253   f) 189

Schriftliche Multiplikation 1
Seite 34

1. $34 \cdot 6 = 204$ $98 \cdot 6 = 588$ $24 \cdot 6 = 144$ $123 \cdot 6 = 738$
   $34 \cdot 3 = 102$ $98 \cdot 3 = 294$ $24 \cdot 3 = 72$ $123 \cdot 3 = 369$
   $34 \cdot 5 = 170$ $98 \cdot 5 = 490$ $24 \cdot 5 = 120$ $123 \cdot 5 = 615$
   $34 \cdot 7 = 238$ $98 \cdot 7 = 686$ $24 \cdot 7 = 168$ $123 \cdot 7 = 861$

Schriftliche Multiplikation 2
Seite 34

1. a) 5 092   b) 7 220   c) 4 815   d) 18 468

2. Man kann durch das Bilden des Überschlags sofort erkennen, dass das Ergebnis 10 710 richtig ist, denn
   $700 \cdot 20 = 14 000$. Die anderen beiden Ergebnisse sind viel zu klein bzw. zu groß.

Schriftliche Division mit einstelliger Zahl 1 Seite 35

1. a) 540 : 2 = 270   Überschlag: 500 : 2 = 250
    b) 1 728 : 3 = 576   Überschlag: 1 800 : 3 = 600
    c) 31 650 : 5 = 6 330   Überschlag: 30 000 : 5 = 6 000

Schriftliche Division mit einstelliger Zahl 2 Seite 35

1. a) 9 504 : 4 = 2 376   Kontrolle: 2 376 · 4 = 9 504
    b) 52 182 : 9 = 5 798   Kontrolle: 5 798 · 9 = 52 182

2. Jonas muss am Ende die 0 auch noch dividieren und diese dann auch im Ergebnis aufschreiben.

124 520 : 4 = 31 130
12
 04
  4
  05
  04
   12
   12
    00

Schriftliche Division mit zweistelliger Zahl Seite 36

1. a) 365   Überschlag: 4 800 : 12 = 400   Kontrolle: 365 · 12 = 4 380
    b) 234   Überschlag: 3 000 : 15 = 200   Kontrolle: 234 · 15 = 3 510
    c) 1 789   Überschlag: 40 000 : 20 = 2 000   Kontrolle: 1 789 · 20 = 35 780
    d) 3 674   Überschlag: 100 000 : 25 = 4 000   Kontrolle: 3 674 · 25 = 91 175

Schriftliche Division mit mehrstelliger Zahl Seite 36

1. a) 14 : 7 = 2   b) 240 : 6 = 40   c) 360 : 4 = 90   d) 960 : 4 = 240
Regel: **Man zählt die Anzahl Nullen in der Zehnerzahl und streicht die gleiche Anzahl Nullen im Dividenden**
       weg.

Schriftliche Division mit Rest Seite 37

1. a) 391 R1   b) 26 R7   c) 243 R1   d) 7 912 R4   e) 2 493 R2

Multiplikation und Division Seite 37

1.

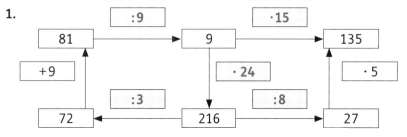

Sachaufgaben zur Multiplikation 1 Seite 38

1. 55 · 80 m = 4 400 m. Die beiden Orte sind 4 400 m voneinander entfernt.

2. 60 · 8 km = 480 km. Das Flugzeug fliegt 480 km in einer Stunde.

Sachaufgaben zur Multiplikation 2 Seite 38

1. 27 · 25 cm = 675 cm.   Die Leiter ist 675 cm (6,75 m) lang.

2. 9 · 8 € = 72 €   10 · 7 = 70 €   Für 10 Personen ist der Eintritt günstiger. Es ist also sinnvoll, dass Peter
                                          noch eine Person einlädt.

Sachaufgaben zur Division 1 Seite 39

1. a) 2 345 € : 5 = 469 €   Fünf Sponsoren müssten jeweils 469 € bezahlen.
    b) 2 345 € : 7 = 335 €   Sieben Sponsoren müssten jeweils 335 € bezahlen.
    c) 2 345 € : 25 = 93,80 €   Ein Set kostet 93,80 €.

Sachaufgaben zur Division 2 Seite 39

1. a) Wie viel gewinnt jeder Freund? 669 221 € : 7 = 95 603 €.   Jeder gewinnt 95 603 €.
    b) Wie viel kostet die Fahrt pro Person? 1 225 € : 35 = 35 €   Die Fahrt kostet pro Person 35 €.
    c) Wie viele Übernachtungen waren es in einer Woche? 37 840 : 16 = 2 365.
       In einer Woche waren es 2 365 Übernachtungen.

Manuela Witzel: 10-Minuten-Grundlagentraining Mathematik Klasse 5
© Auer Verlag

Sachaufgaben zur Multiplikation und Division 1 Seite 40

1. Individuelle Lösungen möglich; z. B.
  a) Tim soll die Papierlieferung ins Büro des 1. Stockwerks bringen. Hierfür benutzt er den Aufzug. Insgesamt soll er 24 Kisten zu je 40 kg nach oben bringen. Wie viel Kilogramm sind dies insgesamt? 24 · 40 kg = 960 kg. Es sind insgesamt 960 kg.
  b) Maxim wohnt im zweiten Stock eines Mietshauses (Altbau). Um vom Untergeschoss in den ersten Stock zu gelangen, muss er 20 Treppenstufen gehen. Vom ersten bis zum zweiten Stock sind es nochmals 27 Stufen. Jede Stufe hat eine Höhe von 20 cm. Wie hoch sind beide Stockwerke zusammen?
  20 + 27 = 47   47 · 20 cm = 940 cm   940 cm = 9,40 m
  Die beiden Stockwerke sind insgesamt 940 cm (9,40 m) hoch.

Sachaufgaben zur Multiplikation und Division 2 Seite 40

1. a) Welches Preisangebot ist billiger?   925 € : 25 = 37 €   1 080 € : 30 = 36 €
   Das Angebot vom Baumarkt ist billiger, da man pro Baum 1 € weniger bezahlen muss.
   b) Welches Angebot ist günstiger?   23 · 65 € = 1 495 €   20 · 70 € = 1 400 €
   Das zweite Angebot ist günstiger.

Verschiedene Übungen zu den Grundrechenarten 1 Seite 41

1. a) 32   b) 135 500   c) 72 000   d) 56   e) 75 256   f) 7 465   g) 69 717   h) 6 542   i) 713 626

Verschiedene Übungen zu den Grundrechenarten 2 Seite 41

1. a) 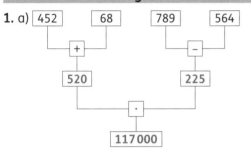 b)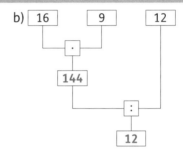

Verschiedene Übungen zu den Grundrechenarten 3 Seite 42

1. a) 125 901 – 9 765 = 116 136   b) 9 764 + 4 520 = 14 284   c) 288 465 : 5 = 57 693   d) 6 325 · 7 = 44 275

Verschiedene Übungen zu den Grundrechenarten 4 Seite 42

1. 1 389 € – 535 € = 854 €. Marie fehlen noch 854 €.

2. 465 m + 1 683 m = 2 184 m. Der Heißluftballon befindet sich nun auf einer Höhe von 2 184 m.

3. Welches Angebot ist günstiger?   80 · 50 ct = 4 000 ct   4 000 ct = 40 €   68 € + 40 € = 108 €
   Das zweite Angebot ist günstiger.

Verschiedene Übungen zu den Grundrechenarten 5 Seite 43

1. a) 20 kg + 8 kg = 28 kg   28 kg · 550 = 15 400 kg   15 400 kg Reisegepäck sind in dem Flugzeug.
   b) 80 kg · 550 = 44 000 kg   Alle Menschen wiegen zusammen 44 000 kg.

2. Bienen: 18 · 6 = 108   Fliegen: 180 · 6 = 1 080   Schweine: 9 · 4 = 36
   108 + 1 080 + 36 = 1 224   1 224 : 8 = 153   Es sind 153 Spinnen.

Verschiedene Übungen zu den Grundrechenarten 6 Seite 43

1. a) 1 345 + 12 457 + 689 = 14 491   Es sind insgesamt 14 491 Einwohner.
   b) 45 789 – 5 689 = 40 100   E-Ort hat 40 100 mehr Einwohner als D-Ort.
   c) 1 345 + 12 457 + 689 + 5 689 + 45 789 = 65 969   Insgesamt sind es 65 969 Einwohner.

Zwischentest – Zahlen und Grundrechenarten Seite 44

1.

	HT	ZT	T	H	Z	E
a)			5	0	0	3
b)		1	4	5	6	7
c)			5	7	8	4
d)		5	0	4	4	6
e)		6	5	4	1	3
f)	3	0	5	0	1	1

2. a) 976 352   b) 235 769

3.

Number line from 250 to ~410:
- 255, 290, 325, 355, 360, 410 marked with arrows
- Scale labels: 250, 300, 350, 400

4. a) 1 690 b) 44 852 c) 28 404 d) 6 319 e) 24 843 f) 98 189 g) 65 h) 98

5. a) 150 € – 104 € = 46 €   Die Lehrerin bekommt 46 € zurück.
b) 104 € : 26 = 4 €   Der Eintritt kostet pro Schüler 4 €.

Körper – Ecken, Kanten, Flächen 1 Seite 45

Gegenstand	Globus	Kerze	Paket	Spielwürfel	Zelt	Partyhut
Körper	Kugel	Zylinder	Quader	Würfel	Pyramide	Kegel
Flächen	1	3	6	6	5	2
Ecken	0	0	8	8	5	1
Kanten	0	2	12	12	8	1

Körper – Ecken, Kanten, Flächen 2 Seite 45

1. a) Würfel b) Kugel c) Quader, Würfel d) und f) Pyramide e) und g) Zylinder h) Kugel, Kegel, Zylinder

2. Die Verpackungsformen Quader und Würfel eignen sich besonders gut , da sie im Regal hingestellt und platzsparend übereinandergestapelt werden können.
Der Zylinder, der Kegel und die Pyramide können zwar gut hingestellt werden, durch die Seitenflächen jedoch können diese nicht platzsparend nebeneinander ins Regal gestellt werden. Weiterhin können der Kegel und die Pyramide nicht übereinandergestapelt werden.
Die Kugel als Verpackungsform ist sehr ungeeignet, da sie viel Platz wegnimmt, keine Stellfläche besitzt und nicht gestapelt werden kann.

Würfelnetze 1 Seite 46

1. a) und b)

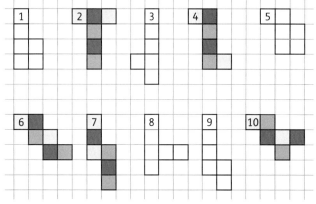

Würfelnetze 2 Seite 46

1. a)

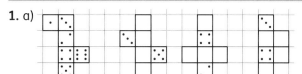

Beim zweiten Würfelnetz ergeben die beiden gegenüberliegenden Seiten eine Augensumme von 8, sodass dies kein Spielwürfelnetz sein kann.
Beim dritten Würfelnetz ergeben die beiden gegenüberliegenden Seiten eine Augensumme von 6, sodass dies kein Spielwürfelnetz sein kann.
Das vierte Würfelnetz kann nicht als Würfel zusammengefaltet werden.
b) Individuelle Lösung

Quadernetze 1 Seite 47

1. a) und b)

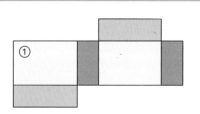
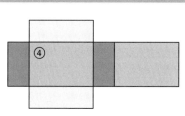
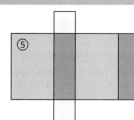

Manuela Witzel: 10-Minuten-Grundlagentraining Mathematik Klasse 5

1. Verschiedene Lösungen sind möglich, z. B.:

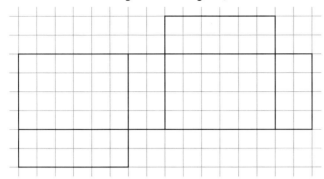

2. Verschiedene Lösungen sind bezüglich der Flächenanordnung möglich.

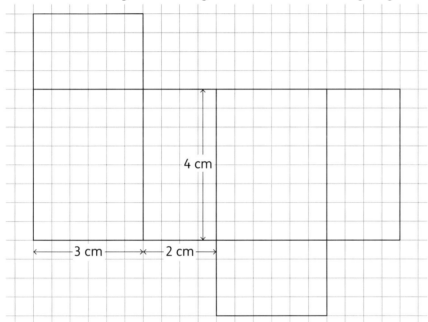

Schrägbilder des Würfels Seite 48

1. Siehe Aufgabe

2.

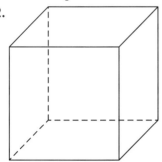

Schrägbilder des Quaders Seite 48

1. a)

b)

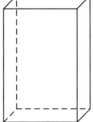

c)

Strecken und Geraden 1 Seite 49

1. Eine Strecke hat stets **einen Anfangspunkt** und **einen Endpunkt**. Sie hat deshalb auch eine **bestimmte Län-**ge. Eine Gerade hat **keinen Anfangs– und Endpunkt**. Eine Gerade ist **unendlich** lang und somit nicht **mess-bar**.

2. ▬ Strecken
▬ Geraden

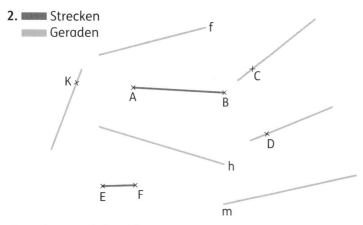

Strecken und Geraden 2 Seite 49

1.

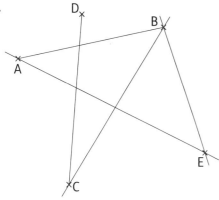

Senkrechten Seite 50

1. Senkrecht sind: a und f, c und e, d und g, d und i

Parallelen Seite 50

1. Nur die Geraden c und d sind parallel zueinander.

Rechteck und Quadrat 1 Seite 51

1. Die Vierecke a, c und e sind keine Rechtecke, da sie keine vier rechten Winkel besitzen.

Rechteck und Quadrat 2 Seite 51

1. a)

c)

b)

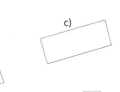

d)

f)

e)

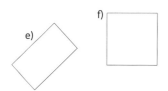

Kreis 1 Seite52

1. a)

b)

c)

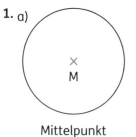

Mittelpunkt

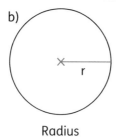

Radius

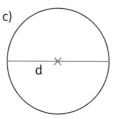

Durchmesser

Manuela Witzel: 10-Minuten-Grundlagentraining Mathematik Klasse 5

2.

a)

d = 4 cm

b)

r = 3 cm

c)

d = 6,5 cm

d)

r = 2,5 cm

e)

d = 55 mm

Kreis 2 Seite 52

1. Siehe Aufgabe

Symmetrie im Alltag 1 Seite 53

1. a)   b)   c)   d)   h)

Regenschirm, Stern und Füller (Gegenstände f – g) besitzen keine Symmetrieachsen.

2.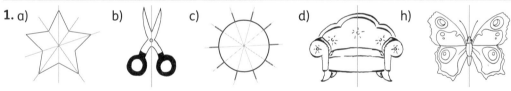

Symmetrie im Alltag 2 Seite 53

1.

2.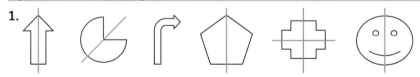

Spiegeln an der Spiegelachse 1 Seite 54

1.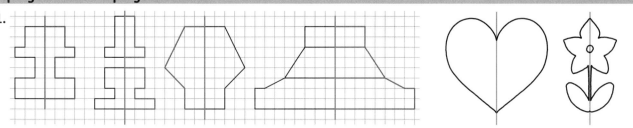

1.

1.

Körper	Flächen	Ecken	Kanten
Würfel	6	8	12
Kegel	2	1	1
Quader	6	8	12
Zylinder	3	0	2
Pyramide	5	5	8
Kugel	1	0	0

2. a) Das Würfelnetz ① ist richtig. Das Quadernetz ② ist nicht richtig. Hier hat Tom eine Fläche zu viel gezeichnet. Das gezeichnete rechte Würfelnetz ③ kann man nicht zusammenfalten. Hier muss auf jeden Fall ein Flächenteil anders positioniert werden.

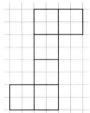 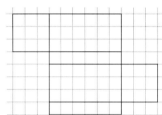 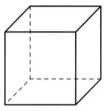

3. b) s. o.

4.

a)   f

b)   D   E

c)   A   B

5. a)

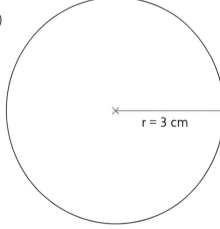

r = 3 cm

b)

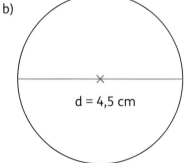

d = 4,5 cm

6. Verschiedene Möglichkeiten, z. B.:

A̶ B C D̶ E̶ H̶ I̶ K M̶ O̶ T̶ U V W X̶ Y̶ Ä Ö Ü

7. Verschiedene Möglichkeiten, z. B.:

UHU   OTTO   E̶I̶D̶

8.

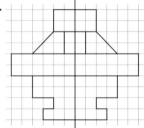

9. Individuelle Lösung

Manuela Witzel: 10-Minuten-Grundlagentraining Mathematik Klasse 5

Längen schätzen und messen 1

1. Die Schätzungen sind individuell.

	Messung (cm)	Messung (mm)
Biene	1,4 cm	14 mm
Spinne (Körper)	2,3 cm	23 mm
Marienkäfer	0,9 cm	9 mm
Maikäfer	3,0 cm	30 mm

Längen schätzen und messen 2

1. Die Schätzungen sind individuell.

a) 3,5 cm = 35 mm b) 2,2 cm = 22 mm c) 1,5 cm = 15 mm d) 4,1 cm = 41 mm

Längen zeichnen

1. a) 14 cm ├─────────────────────────────────────┤

b) 35 mm ├──────────────┤ c) 4 cm 8 mm ├───────────────┤

d) 1 dm 2 cm ├────────────────────────────┤

e) 8 mm ├───┤ f) 15 cm 4 mm (unten) g) 4,5 cm ├──────┤

├──┤

Zweckmäßige Längenangaben

1. Leas Füller hat eine Länge von 13,6 **cm**.

Der Schulhof ist 59,40 **m** breit.

Von der Schule bis zum Stadion müssen die Schüler immer 1,5 **km** laufen.

2. Individuelle Lösungen

Längen umwandeln

1. a) 70 mm b) 90 cm c) 30 dm d) 5 000 m e) 34 mm f) 84 dm g) 12 136 m

f) 8 009 m i) 194 mm j) 2,58 m k) 489 cm l) 215,7 dm m) 125,8 dm n) 45,6 m

Längen runden

1. a) 3 km b) 9 km c) 3 km d) 1 m e) 7 m f) 44 m g) 472 cm h) 913 cm i) 5 m j) 9 m k) 0 km

Längen umwandeln und runden

1. a) 2,3 km b) 6,54 m c) 12 km

Grundrechenarten mit Längen

1. a) 4,78 m b) 11,75 dm c) 4,81 m d) 77,995 km e) 34,80 m f) 4,39 dm

Sachaufgaben zu Längen 1

1. a) 1,34 m – 1,23 m = 0,11 m = 11 cm Michaela ist im ersten Jahr 11 cm gewachsen.
b) 100 mm = 10 cm = 1 dm = 0,1 m 1,34 m + 0,1 m = 1,44 m Michaela ist auf 1,44 m gewachsen.
c) 1,44 m – 1,23 m = 0,21 m = 21 cm Michaela ist insgesamt 21 cm in den beiden Jahren gewachsen.
2. a) 2,1 km = 2 100 m = 21 000 dm 0,50 m = 5 dm 21 000 dm : 5 dm = 4 200
Er benötigt insgesamt 4 200 Schritte.
b) 0,60 m = 6 dm 21 000 dm : 6 dm = 3 500 Lea benötigt 3 500 Schritte.

Sachaufgaben zu Längen 2

1.

1. Tag	427 km
2. Tag	397 km
3. Tag	314 km
4. Tag	409 km
5. Tag	251 km
Insgesamt	1 798 km

Die gesamte Strecke beträgt 1798 km.

2. 84,56 km = 84 560 m 84 560 : 1 510 = 56 Der Zug benötigt für die Strecke 56 Minuten.

Maßstab 1

1. a) Zimmergröße: 5,60 cm x 4,50 cm in der Zeichnung entsprechen 5,6 m x 4,5 m = 25,20 m².
b) Bettgröße: 2,1 m x 1 m Schrankgröße: 2,5 m x 0,9 m Schreibtisch: 1,5 m x 0,9 m

Maßstab 2

Seite 61

1. a) 1:50 000 bedeutet: 1 **cm** in der Zeichnung sind **50 000** cm, also **500** m in der Wirklichkeit.

b)

Entfernung	Karte	Wirklichkeit
A-Dorf – B-Dorf	5,65 cm	2 825 m
B-Dorf – C-Dorf	4,3 cm	2 150 m
C-Dorf – D-Dorf	6,35 cm	3 175 m
D-Dorf – A-Dorf	5,9 cm	2 950 m

Geldwerte umrechnen und runden

Seite 62

1. a) 543 ct   **b)** 5,67 €   **c)** 19,98 €   **d)** 1 203 ct   **e)** 4 € 5 ct   **f)** 1 €   **g)** 5 € 13 ct

2. a) 5 €   **b)** 18 €   **c)** 235 €   **d)** 1 007 €   **e)** 21 046 €   **f)** 536 €

Grundrechenarten mit Geld 1

Seite 62

1. a) 45,20 €   **b)** 52,79 €   **c)** 783,20 €   **d)** 79,34 €   **e)** 18,47 €   **f)** 233,11 €

Grundrechenarten mit Geld 2

Seite 63

1. a) 27,25 €   **b)** 2,53 €   **c)** 7,00 €   **d)** 96,95 €   **e)** 56,23 €   **f)** 224,82 €

Sachaufgaben zum Geld 1

Seite 63

1. a)

Anzahl	Bezeichnung	Einzelpreis	Preis
2	Bleistifte	0,54 €	1,08 €
1	Lineal	0,80 €	0,80 €
7	Hefte	0,40 €	2,80 €
6	Hefter	0,62 €	3,72 €
9	Fineliner	0,65 €	5,85 €
		Summe	14,25 €
		Gegeben	20,00 €
		Rückgeld	5,75 €

b) Individuelle Lösung, z.B.: 5 € Schein + 50 ct + 20 ct + 5 ct oder
2 € + 2 € + 1 € + 20 ct + 20 ct + 20 ct + 10 ct + 2 ct + 2 ct + 1 ct

Sachaufgaben zum Geld 2

Seite 64

1. 100 € Schein + 5 € Schein + 2 € + 50 ct + 20 ct + 10 ct + 5 ct

2. a) z.B.: Kiwis 1,60 €   Weintrauben 6,00 €   Bananen 1,50 €   Orangen 1,50 €   Überschlag 10,60 €
b) Kiwis: 1,56 €   Weintrauben 5,96 €   Bananen 1,49 €   Orangen 1,48 €   Gesamt: 10,49 €
20,00 € – 10,49 € = 9,51 €   Sie bekommen 9,51 € zurück.

Sachaufgaben zum Geld 3

Seite 64

1.

	10	5	2	1
Anzahl	1	0	0	0
	0	2	0	0
	0	0	5	0
	0	0	0	10
	0	1	2	1
	0	1	1	3
	0	0	4	2
	0	0	3	4
	0	0	2	6
	0	0	1	8

Keiner von beiden hat Recht. Es gibt insgesamt 10 Möglichkeiten.

Zeiten im Alltag

Seite 65

1. a) 3 s   **b)** 15 s   **c)** 45 min   **d)** 100 min   **e)** 4 min   **f)** 3 Tage

Manuela Witzel: 10-Minuten-Grundlagentraining Mathematik Klasse 5
© Auer Verlag

2. Individuelle Lösungen, z. B.
   a) Handschlag   b) Werbespot   c) Kinderlied   d) Duschen
   e) Kinofilm   f) Ausflug   g) Urlaub

Zeiten umrechnen 1   Seite 65

1. a) 180 s   b) 1 620 s   c) 32 400 s   d) 120 min   e) 660 min
   f) 312 h   g) 180 min   h) 900 min   i) 15 min   j) 7 d

Zeiten umrechnen 2   Seite 66

1. a) 444 s   b) 555 s   c) 275 min   d) 474 min   e) 137 h   f) 83 h
2. a) 3 min 3 s   b) 3 d 13 h   c) 52 min 5 s   d) 70 h und 15 min

Zeitpunkt und Zeitdauer bestimmen   Seite 66

1. a) 6.00 Uhr   b) 8.15 Uhr   c) 10.35 Uhr   d) 12.45 Uhr   e) 9.20 Uhr   f) 4.40 Uhr
        18.00 Uhr   20.15 Uhr   22.35 Uhr   00.45 Uhr   21.20 Uhr   16.40 Uhr

2. a) 9.00 Uhr   b) 10.15 Uhr   c) 0.20 Uhr   d) 1.05 Uhr

3. a)

+ 2 h 17 min

20.30 Uhr → 22.47 Uhr   Der Film dauert 137 min (2 h 17 min).

+ 1 h 30 min   + 47 min

22.00 Uhr

b)

	(1)	(2)	(3)	(4)	(5)
Zeitdauer	102 min 1 h 42 min.	50 min	176 min 2 h 56 min	253 min 4 h 13 min	582 min 9 h 42 min

Zeitdauer bestimmen 1   Seite 67

1. a)

Aufstehen	6.30 Uhr	
Bus zur Schule	7.10 Uhr	Dauer Busfahrt: 25 Minuten
Ankunft Schule	7.35 Uhr	
Schulbeginn	8.00 Uhr	
Schulende	15.05 Uhr	
Zu Hause	15.30 Uhr	

b) Nils ist um 6.30 Uhr aufgestanden. Nun ist es 16.10 Uhr.
   Diese Zeitdauer muss berechnet werden. Ich habe zuerst
   von 6.30 Uhr bis zu 7.00 Uhr gerechnet. Dies sind
   30 Minuten. Danach habe ich überlegt, wie viel noch
   bis 16.10 Uhr fehlen. Dies sind 9 Stunden und 10 Minuten.
   Zu dieser Zeit habe ich dann die 30 Minuten addiert.
   Nils ist also schon 9 Stunden und 40 Minuten wach.
   c) Individuelle Lösung

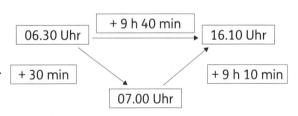

Zeitdauer bestimmen 2   Seite 67

1. a) Fahrtzeit Kassel bis Frankfurt (Main) Hbf   Frankfurt (Main) Flughafen Fernbf bis Mannheim Hbf

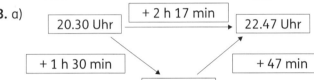

+ 2 h 10 min

07.00 Uhr → 09.10 Uhr   09.52 Uhr → 10.23 Uhr
                                               + 31 min
+ 2 h   + 10 min   + 8 min   + 23 min

09.00 Uhr   10.00 Uhr

Fahrtzeit Frankfurt (Main) Hbf bis Frankfurt (Main) Flughafen Fernbf:
9.29 Uhr bis 9.40 Uhr: Fahrtzeit = 11 Minuten
Berechnung gesamte Fahrtzeit: 130 min + 11 min + 31 min = 172 min = 2 h 52 min
Die gesamte Fahrtzeit beträgt 2 h 52 min.

b) Individuelle Lösung: z.B.
Berechne die Fahrtzeit von Kassel nach Frankfurt (Main) Hbf.
Die Fahrtzeit beträgt 2 Stunden 10 Minuten.

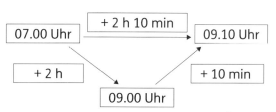

Gewichte schätzen
Seite 68

1. Brot: g oder kg   Buch: g   Melone: g oder kg   Tisch: kg   Brief: g   Apfel: g   Auto: kg oder t
Flugzeug: t

2. Wal: 50 t   Eisbär: 400 kg   Katze: 4 kg   Mensch: 80 kg   Elefant: 5 t   Maulwurf: 80 g

Gewichte umwandeln 1
Seite 68

1. a) 85 000 g   b) 3 000 kg   c) 6 000 g   d) 5 t   e) 7 kg   f) 35 kg   g) 22 t
2. a) 8 450 kg   b) 2 300 g   c) 5 034 kg   d) 25 005 g   e) 12 002 kg

Gewichte umwandeln 2
Seite 69

1. a) Falsch, da 3 kg 20 g = 3 020 g   b) richtig
c) Falsch, da 5 kg 2 g = 5 002 g   d) richtig
e) Falsch, da ½ kg = 500 g

2. a) 2 500 g   b) 3 200 kg   c) 78 300 g   d) 400 kg   e) 22 070 kg
3. a) 4,5 kg   b) 1,403 t   c) 25,003 t   d) 1,075 kg

Gewichte runden
Seite 69

1. a) 3 t   b) 13 t   c) 1 kg   d) 5 kg   e) 0 kg   f) 5 t   g) 35 kg   h) 1 kg

2. Individuelle Lösung, aber Abrunden: 4 001 kg bis 4 499 kg   Aufrunden: 3 500 kg bis 3 999 kg
Die Ladung kann zwischen 4 001 kg und 4 499 kg oder zwischen 3 500 kg und 3 999 kg liegen.

3. a) 700 g   b) 150 g   c) 500 g   d) 875 g

Grundrechenarten mit Gewichten 1
Seite 70

1. a) 7,2 kg   b) 2,7 kg   c) 13,6 kg   d) 1,392 kg   e) 46,350 kg   f) 3,605 t
2. a) 256 g + **394** g = 650 g   b) 74 kg + **271** kg = 345 kg   c) 3 564 g + **1 436** g = 5 kg
d) 4,05 kg + **4,95** kg = 9 kg   e) 3,8 t + **700** kg = 4,5 t   f) 7 823 kg + **0,177** t = 8 t
g) 1 088 g + **0,912** kg = 2 kg

Grundrechenarten mit Gewichten 2
Seite 70

1. a) 3,1 kg   b) 5,37 kg   c) 2,630 kg   d) 939 kg   e) 8 004 kg
2. a) 1,8 kg oder 1 800 g   b) 12 kg   c) 32 t   d) 5,6 t oder 5 600 kg

Sachaufgaben zu Gewichten 1
Seite 71

1. 12,4 kg – 2,8 kg = 9,6 kg   Er hat 9,6 kg zugenommen.

2. a) 6,4 kg · 5 = 32 kg   Alle fünf Tiger fressen 32 kg pro Tag.
b) 32 kg · 30 = 960 kg   32 kg · 31 = 992 kg
In einem Monat fressen sie 960 kg (30 Tage) / 992 kg (31 Tage).
c) 32 kg · 365 = 11 680 kg   11 680 kg = 11,680 t   In einem Jahr fressen sie 11,680 t.

Sachaufgaben zu Gewichten 2
Seite 71

1. a) 250 g + 200 g + 200 g + 60 g + 250 g + 20 g + 15 g + 30 g + 10 g = 1 035 g = 1,035 kg
Der Salat wiegt 1 035 g (1,035 kg).
b) 750 g Nudeln   600 g Käse   12 Gewürzgurken (insgesamt 180 g)
600 g gekochter Schinken   3 Becher Schmand (750 g)   6 EL Gurkenflüssigkeit (insgesamt 60 g)
3 EL Essig (insgesamt 45 g)   9 EL Öl (insgesamt 90 g)   Paprikapulver, Salz, Pfeffer, Zucker (insgesamt 30 g)
1 035 g · 3 = 3 105 g = 3,105 kg   Der Salat für 12 Personen wiegt 3 105 g (3,105 kg).

Zerlegen und Vergleichen von Flächen 1
Seite 72

1. Moritz hat nicht Recht. Er selbst hat das
größere Zimmer. Wenn man die beiden
Zimmer in Einheitsquadrate einteilt,
so besteht das Zimmer von Leni aus
18,5 Einheitsquadraten und das Zimmer
von Moritz aus 20 Einheitsquadraten.

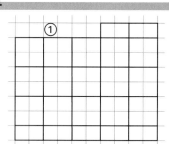
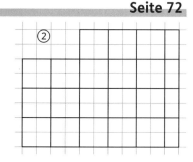

Manuela Witzel: 10-Minuten-Grundlagentraining Mathematik Klasse 5

2. Fläche I: 19 Einheitsquadrate   Fläche II: 16,5 Einheitsquadrate   Fläche III: 16 Einheitsquadrate

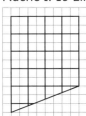   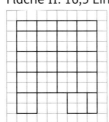   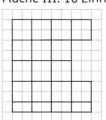

Größenvergleich: Fläche I > Fläche II > Fläche III; Fläche I besitzt den größten Flächeninhalt.

Zerlegen und Vergleichen von Flächen 2 — Seite 72

1. a)

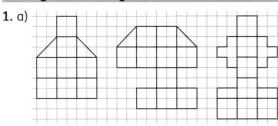

b) Ich habe die Flächen der Figuren mittels Einheitsquadraten aufgeteilt. So konnte ich die Größe der Flächen ermitteln.

Figur I – 9 Einheitsquadrate
Figur II – 11 Einheitsquadrate
Figur III – 10 Einheitsquadrate

c) Individuelle Lösung

2. Individuelle Lösungen

Flächeninhalt und Umfang des Rechtecks — Seite 73

1.

Länge des Rechtecks	Breite des Rechtecks	Flächeninhalt	Umfang
6 cm	4 cm	6 cm · 4 cm = 24 cm²	2 · 6 cm + 2 · 4 cm = 20 cm

2. a) Zur Berechnung des Flächeninhalts vom Rechteck muss man Länge und Breite multiplizieren: A = a · b.
b) Zur Berechnung des Umfangs vom Rechteck müssen die doppelte Länge und die doppelte Breite addiert werden: U = 2 · a + 2 · b.

Flächeninhalt und Umfang des Quadrats — Seite 73

1.

Länge des Quadrats	Breite des Quadrats	Flächeninhalt	Umfang
5 cm	5 cm	5 cm · 5 cm = 25 cm²	2 · 5 cm + 2 · 5 cm = 20 cm

2. a) Zur Berechnung des Flächeninhalts vom Quadrat muss man Länge und Breite multiplizieren: A = a · a.
b) Zur Berechnung des Umfangs vom Quadrat muss man die Länge mit 4 multiplizieren: U = 4 · a.

Umfang und Flächeninhalt von Rechteck und Quadrat — Seite 74

1. a) 5 cm · 3 cm = 15 cm²
b) 2 · 5 cm + 2 · 3 cm = 16 cm

2. a) 3 cm · 3 cm = 9 cm²
b) 4 · 3 cm = 12 cm

1) Rechteck	2) Quadrat

Sachaufgaben zum Flächeninhalt — Seite 74

1. 6 m · 4,50 m = 27 m²   Die rechteckige Fläche ist 27 m² groß.

2. Andy: 112 m · 56 m = 6 272 m²   Nina: 97 m · 73 m = 7 081 m²
Ninas Verein hat das größere Fußballfeld.

1) Skizze
Maßstab 1:200

Sachaufgaben zum Umfang — Seite 75

1. a) Skizze: siehe rechts
b) 2 · 7 m + 2 · 8 m = 30 m
Er muss 30 m Draht kaufen.

2. a) Skizze: siehe rechts
b) 4 · 9 m = 36 m
36,00 m – 2,50 m = 33,50 m
Er muss 33,50 m Zaun kaufen.

1) Skizze
Maßstab 1:200

2) Skizze
Maßstab 1:200

Tor

Sachaufgaben zu Flächeninhalt und Umfang

1. a) Skizze im Maßstab 1 : 100
   b) 2,40 m · 1,40 m = 3,36 m².
   Sie muss 3,36 m² Stoff kaufen.

2. a) Rechteck 1: 6 m · 3 m = 18 m²
   Rechteck 2: 1,50 m · 2 m = 3 m²
   18 m² + 3 m² = 21 m²
   Es wird 21 m² Pflaster benötigt.
   b) 6 m + 3 m + 4 m + 1,50 m + 2 m + 4,50 m = 21 m
   Es werden 21 m Randsteine benötigt.

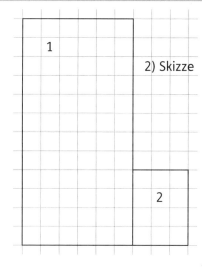

Volumen / Rauminhalt bestimmen

1. a) 18 Würfel, Volumen: 18 cm³   b) 13 Würfel, Volumen: 13 cm³   c) 17 Würfel, Volumen: 17 cm³
   d) 18 Würfel, Volumen: 18 cm³

2. a) Volumen: 4 cm³, 2 Würfel   b) Volumen: 10 cm³, 8 Würfel   c) Volumen: 8 cm³, 1 Würfel
   d) Volumen: 3 cm³, 1 Würfel   e) Volumen: 9 cm³, 7 Würfel

Volumen / Rauminhalt berechnen

1.

Teilaufgabe	a)	b)	c)	d)
Anzahl Einheitswürfel	120	60	64	140
Volumen	120 cm³	60 cm³	64 cm³	140 cm³

Volumen / Rauminhalt von Quader und Würfel

1.

Länge des Quaders	Breite des Quaders	Höhe des Quaders	Volumen des Quaders
12 cm	2 cm	4 cm	12 cm · 2 cm · 4 cm = 96 cm³
Länge des Würfels	Breite des Würfels	Höhe des Würfels	Volumen des Würfels
6 cm	6 cm	6 cm	6 cm · 6 cm · 6 cm = 216 cm³

2. a) Das Volumen des Quaders berechnet man Länge mal Breite mal Höhe: V = a · b · c.

   b) Das Volumen des Würfels berechnet man Länge mal Breite mal Höhe: V = a · a · a.

Volumeneinheiten Liter und Milliliter

1. a) 3 000 ml   b) 4 500 ml   c) 6 l   d) 1,2 l   e) 5 200 ml

2. a) 5 l 600 ml   b) 7 l 800 ml   c) 9 l 450 ml   d) 19 l 78 ml   e) 3 l 860 ml

3. a) 2 350 ml oder 2,35 l   b) 25 400 ml oder 25,4 l   c) 800 ml oder 0,8 l   d) 30,63 l oder 30 630 ml

Zwischentest – Größen und Messen

1. a) **30** cm   b) **64** mm   c) **3,5** t   d) **358** ct   e) **305** cm   f) **8 000** m   g) **4 000** g
   h) **67,004** t   i) **180** s   j) **45,67** €   k) **210** min   l) **48,9** m   m) **236,789** m   n) **6** d

2. a) 5 km + 1500 **m** = 6,5 km   b) 600 **kg** + 400 **kg** = 1 t   c) 3 h + 30 min = 210 min
   d) 0,85 **kg** – 170 g = 680 g   e) 980 **mm** + 2 **cm** = 1 m

3. 2,56 m = 256 cm   256 cm : 16 cm = 16   Man erhält 16 Stücke.

4. 80 kg = 80 000 g   1250 g · 2 = 2 500 g   80 009 : 2 509 = 32   Das Futter reicht für 32 Tage.

5. a) **60** Einheitswürfel   b) **48** Einheitswürfel

6.

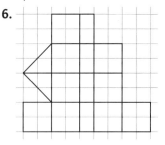

Der Flächeninhalt beträgt 12 Einheitsquadrate.

Manuela Witzel: 10-Minuten-Grundlagentraining Mathematik Klasse 5